BERLIN

OSWALD METZGER
DIE VERLOGENE GESELLSCHAFT

ROWOHLT · BERLIN

1. Auflage März 2009
Copyright © 2009 by Rowohlt · Berlin Verlag GmbH,
Berlin
Satz aus der ITC Slimbach PostScript
bei hanseatenSatz-bremen, Bremen
Druck und Bindung CPI – Clausen & Bosse, Leck
Printed in Germany
ISBN 978 3 87134 624 8

DIE VERLOGENE GESELLSCHAFT

INHALT

Die verlogene Gesellschaft oder Wie viel Ehrlichkeit verträgt die Politik?

Politik galt im Volksmund zwar schon immer als schmutziges Geschäft, aber so sehr wie heute standen die Politiker noch nie im Zwielicht. Wer sie pauschal verdammt, findet Applaus selbst bei gebildetem Publikum. Politiker gelten als Opportunisten, die vor allem an Eigennutz und Machterhalt interessiert sind. Und tatsächlich tun sie viel, um so manches Vorurteil zu bestätigen.

Der prominenteste Fall wurde uns jüngst in Hessen vorgeführt. Die Sozialdemokratin Andrea Ypsilanti hatte vor der Landtagswahl im Januar 2008 kategorisch jede Form der Zusammenarbeit mit der Linkspartei ausgeschlossen. Nach der Wahl schien ihr Wort nichts mehr zu gelten – sie wollte um jeden Preis Ministerpräsidentin werden. Die öffentliche Empörung hinderte sie nicht daran, gleich zwei Anläufe zu nehmen, um sich zur Chefin einer rot-grünen Minderheitsregierung unter Tolerierung der Linken wählen zu lassen. Nur dank des Widerstands von vier SPD-Abgeordneten scheiterte sie spektakulär – ein Fanal gegen den Opportunismus der politischen Klasse.

Politiker, so scheint es, streben nicht nur mit aller Macht nach Ämtern, sie verteidigen auch gern ihre eigenen Pfründen. Obwohl für Bundestagsabgeordnete künftig, wie für gewöhnliche Bürger, das reguläre Ruhestandsalter stufenweise von 65 auf 67 Jahre angehoben wird, haben sich die Volksvertreter eine besonders pikante «Vorruhestandsregelung» bewahrt. Ab dem neunten Jahr der Mitgliedschaft im Parlament sinkt das Eintrittsalter für den Pensionsbezug um jeweils ein Jahr – bis maximal zum achtzehnten Parlamentsjahr. Wer also mindestens achtzehn Jahre im Bundestag gesessen hat, kann auch künftig volle zehn Jahre früher als Otto Normalverbraucher in Pension gehen – ohne Abschläge! Und es gibt selbstverständlich großzügige Übergangsregelungen: Sämtliche Einschnitte bei der späteren Pensionshöhe gelten noch nicht für die jetzigen Abgeordneten. Von den Kürzungen, die der Gesetzgeber bei der Rente beschlossen hat, sind hingegen alle Beitragszahler sofort betroffen.

Der Opportunismus in Wahlkampfzeiten kennt keine Grenzen, vor allem keine Parteigrenzen. Gerade der letzte Bundestagswahlkampf mit seinen Folgen bietet dafür ein besonders drastisches Beispiel. Die Union propagierte vor der Wahl – erstaunlich genug – eine Mehrwertsteuererhöhung um zwei Prozentpunkte. Die Konkurrenz, von liberal bis links, griff diese unpopuläre Steilvorlage der Christdemokraten auf und wetterte vehement gegen die «Merkel-Steuer», die «alles teurer» mache. Kaum bildeten die Sozialdemokraten mit der Union nach der Wahl die Große Koalition, trugen sie nicht nur den CDU-Vorschlag mit, sondern stimmten sogar für eine Erhöhung um drei Prozentpunkte.

Aber es gibt ein Wechselspiel zwischen der herrschenden Politik, ihren bekannten Akteuren und uns anonymen Wahlbürgern. Wer glaubt, dass das Partei-Establishment und die Mechanismen des politischen Betriebs allein verantwortlich sind für den Ansehensverlust unserer parlamentarischen Demokratie, verkennt die unrühmliche Rolle des opportunistischen Wahlvolks. Wir Bürger, die wir stets Ehrlichkeit und Aufrichtigkeit von der Politik einfordern, pflegen in aller Regel ebenjene Parteien abzustrafen, die keine Wohltaten versprechen, sondern für notwendige Opfer werben.

Als Oskar Lafontaine noch Kanzlerkandidat der SPD war und 1990 auf die mit höheren Steuern zu finanzierenden Lasten der Wiedervereinigung aufmerksam machte, ließen die Wähler die SPD kalt im Regen stehen. Sie wärmten sich lieber an der Vorstellung, die gewaltige Erblast der DDR würde sich durch die Sonderkonjunktur der «blühenden Landschaften», die Helmut Kohl und seine Union versprachen, gleichsam wie nebenbei finanzieren. Lafontaine hat die Lektion gelernt und ist heute der billige Jakob unter den Politikern, die alles versprechen können, weil wir Bürger offenbar lieber soziale Heilsbotschaften als realistische und finanzierbare Konzepte schätzen.

13

Nicht zuletzt die vergangene Bundestagswahl hat das allgegenwärtige politische Mantra befördert: Keine Zumutungen mehr für das Volk! Fast ein Jahrzehnt lang hatte die deutsche Gesellschaft die Notwendigkeit von Reformen der Sozialsysteme diskutiert. Angesichts der wirtschaftlichen Probleme sorgte ausgerechnet der sozialdemokratische Kanzler Gerhard Schröder mit der Agenda 2010 für bisher nicht gekannte Einschnitte in vertraute Besitzstände. Wer arbeitet, so das Hauptargument, sollte auf jeden Fall ein höheres Einkommen erhalten als diejenigen Menschen, die von staatlichen Transferleistungen leben. Die Zumutbarkeitsregeln für die Arbeitsaufnahme wurden verschärft, und bei der Rente führte man einen Abschlagsfaktor ein, der die Kosten der Alterung unserer Gesellschaft nicht mehr allein den künftigen Beitragszahlern aufbürdet, sondern die Rentner daran beteiligt.

Diese Reformgesetze waren ein Gebot der Vernunft, denn die bisherige Ausgestaltung des Sozialstaats war im Zeichen der demographischen Entwicklung und des internationalen Wettbewerbs nicht mehr finanzierbar. Die Oppositionsparteien CDU, CSU und FDP hatten die Agenda 2010 mitgetragen. Doch ihnen gingen die Veränderungen nicht weit genug. Allein die Linkspartei/PDS leistete Fundamentalopposition und fand damit breiten Zuspruch in der Bevölkerung, aber auch in der Parteibasis der Regierungsparteien SPD und Grüne.

Rot-Grün erhielt die Quittung für die unpopuläre Agenda-Politik. Weil wir Bürger Angst vor weiteren

Reformen hatten, verspielte die bürgerliche Opposition den vermeintlich sicheren Sieg bei der Wahl 2005. Nur die Linkspartei feierte einen großen Erfolg. Das politische Koordinatensystem in Deutschland hat sich seitdem verschoben: Es gibt eine linke Mehrheit im Deutschen Bundestag jenseits von Union und FDP.

Obwohl sich diese Mehrheit nicht in einer formellen Regierungskoalition manifestiert hat, orientierte sich die Politik der in der Not gebildeten Großen Koalition erst zögerlich, dann aber immer rascher weg von der Politik der Vernunft, für die die Agenda 2010 steht. Was nach Zumutung fürs Volk aussieht, wird in Watte gepackt. Sinnvolle, aber unpopuläre Reformschritte der Vergangenheit sind inzwischen korrigiert worden. Die Bezugsdauer von Arbeitslosengeld I wurde wieder verlängert – obwohl dies nachweislich den Wiedereinstieg in den Arbeitsmarkt erschwert. Die gutgemeinte soziale Abfederung schlägt so auf die Betroffenen zurück. Der Riester-Faktor in der Rentenversicherung, der für mehr Gerechtigkeit zwischen Beitragszahlern und Rentnern führen sollte, wurde für zwei Jahre ausgesetzt, damit rechtzeitig vor dem Wahljahr die möglicherweise wahlentscheidende Rentnerklientel bedient werden kann. Die Zeche zahlen die Beitragszahler, weil die Versicherungsbeiträge in den kommenden Jahren nicht sinken, sondern weiter steigen werden.

Gegen jede Vernunft sucht die Regierungspartei SPD Wege, um das frühzeitige Ausmustern aus dem

15

Arbeitsmarkt, das der Staat mit Altersteilzeit- und anderen Modellen jahrzehntelang befördert hat, erneut zu ermöglichen. Ende 2009 sollen die Anreize für den Vorruhestand zwar ersatzlos wegfallen, das ist die aktuelle Gesetzeslage. Doch die Parteien wollen lieber die Volksseele streicheln, als den Wählern unabdingbare Einschnitte einsichtig zu machen und sie durchzusetzen. Wenn Oskar Lafontaine und seine Linke die Rente mit 60 Jahren ohne Abschläge versprechen, sehen sich Sozial- wie Christdemokraten genötigt, Konzepte für Altersteilzeit zu offerieren, die abermals mit Geld aus öffentlichen Kassen locken.

Kurzum, die Politik hat ihre Konsequenzen aus der Wahl 2005 gezogen. «Wir haben verstanden!» heißt für den Bundestagswahlkampf 2009 vor allem eines: Die Parteien werden neue Wohltaten verheißen. Weniger Steuern, geringere Sozialbeiträge! Mehr Geld für Familien und Kinder! Mehr Geld für Bildung und Forschung! Mehr Geld für Straßen und Verkehrswege! Mehr, mehr, mehr!, rufen wir Wähler – und die Politik liefert das wohlfeile Echo und lockt mit üppigen Versprechungen. Im Windschatten der Finanzmarktkrise und in Zeiten der Rezession werden diese dann als «positive Konjunkturimpulse» verkauft.

Wir dürfen uns nicht verschaukeln lassen. Glauben wir wirklich, dass alle Wünsche erfüllt werden, wenn wir einerseits das Versprechen von Steuersenkungen wählen, zugleich aber zahlreiche neue Leistungen vom Staat verlangen? Wir müssen begreifen, dass zusätzliche Ansprüche von ebendiesem Staat uns wieder in Rechnung gestellt werden: durch höhere Steuern und Abgaben.

Als Bürger müssen wir schon aus eigenem Interesse von der Politik verlangen, dass sie uns die Wahrheit sagt, auch wenn es schmerzt. Die Wahrheit ist: Wir haben in den vergangenen Jahrzehnten über unsere Verhältnisse gelebt, wir haben den Staat mit immer mehr Ansprüchen überfordert und nicht gemerkt, dass wir uns dadurch selbst überfordern – und erst recht die künftigen Generationen.

Das Streben nach einem ausgeglichenen Haushalt ist keine inhaltslose Floskel von Finanzpolitikern, sondern eine zwingende Notwendigkeit, um den Sozialstaat, den wir uns leisten, nicht grundsätzlich zu gefährden. Denn wir müssen vermeiden, dass wir in eine Situation der Verschuldung kommen, die uns keine Wahl mehr lässt und uns schließlich zu noch brutaleren Einschnitten zwingt. Dies gilt gerade in Zeiten der Krise.

Wenn wir zu Recht mehr Wahrhaftigkeit und Verantwortung von der Politik fordern, müssen wir uns auch fragen, ob unser eigenes Handeln dem Rechnung trägt. Wir wollen länger im Wohlstand leben, aber weniger arbeiten; wir wollen Mindestlöhne und gehen zugleich gierig auf Schnäppchenjagd. Wir zeigen mit dem Finger auf die reichen Steuersünder und halten unsere eigenen Schummeleien für Bagatellen. Wir haben jedes Augenmaß verloren.

Wenn wir Politikern also vorhalten, sie seien oft nur an Machterhalt interessiert, müssen wir uns die Frage gefallen lassen, ob wir als Bürger nicht seit Jahrzehnten selbst dafür gesorgt haben, dass wir genau die Politiker bekommen, über die wir uns heute so beklagen.

Dieses Buch soll nicht nur zeigen, wie der Opportunismus in gleichem Maße die Politik und uns Bürger erfasst hat. Es stellt auch die Kernfrage: Was können wir tun, damit das Gemeinwohl nicht unter der Last der Einzelinteressen zerbricht?

ERSTER TEIL
Der alltägliche Widerspruch

Hartz IV: Ein teures Reformprojekt wird zum Symbol für Sozialabbau

Wir Bürger schwanken bei sozialen Themen zwischen zwei Extremen. Einerseits zeigen wir gern mit dem Finger auf diejenigen, die Sozialleistungen missbräuchlich in Anspruch nehmen. Andererseits pflegen wir selbst eine gehörige Anspruchshaltung, wenn es um staatliche Leistungen geht, denn auch wir könnten ja im Ernstfall auf Unterstützung angewiesen sein. Und die Angst vor einem potenziellen Absturz macht viele von uns empfänglich für die politischen Kräfte, die unsere Begehrlichkeiten besonders großherzig wecken.

Für die ostdeutsche Regionalpartei PDS waren die Hartz-IV-Reformen so etwas wie ein neues Lebenselixier, dem sie nach der Fusion mit der WASG ihre erfolgreiche Westausdehnung zu verdanken hatte. Für die traditionsreichste Partei in Deutschland, die Sozialdemokraten, gerieten diese Reformen hingegen zum Trauma, das nicht nur Gerhard Schröder die Kanzlerschaft kostete, sondern die SPD bis auf weiteres den Status einer Volkspartei.

Vor allem aber ist Hartz IV zum Synonym für Sozialabbau geworden. Die technokratische Wortschöpfung, hinter der sich schlicht die Zusammenlegung der vom Bund finanzierten alten Arbeitslosenhilfe und der von den Kommunen bezahlten Sozialhilfe verbirgt, geriet in der erbittert geführten gesellschaftspolitischen Debatte um Gerhard Schröders Agenda 2010 zum Symbol des vielgeschmähten Neoliberalismus. Zum schlechten Ruf der Hartz-IV-Regelungen passt natürlich auch, dass der Namensgeber und frühere VW-Personalvorstand Peter Hartz inzwischen rechtskräftig wegen Untreue zu einer zweijährigen Bewährungsstrafe verurteilt wurde.

Was jedoch die Folgen der Hartz-IV-Gesetze für die öffentlichen Haushalte betraf, war nach dem Einsetzen der angeblichen «sozialen Kahlschlag-Politik» ein erstaunliches Phänomen zu beobachten. Der Bund musste im ersten Jahr nach Inkrafttreten der Neuregelungen satte 9,5 Milliarden Euro mehr für Transferleistungen ausgeben als zuvor – statt 21,2 Milliarden Euro 2004 waren es ein Jahr später plötzlich 30,7 Milliarden Euro. Selbst wenn man Entlastungen der Hartz-Reformen für die Ausgaben der Länder und Kommunen mit einbezieht, die hier nicht im Detail erklärt werden sollen, kostete das neue Hartz-IV-Recht gesamtstaatlich rund sieben Milliarden Euro zusätzlich – ein knappes Fünftel.[1]

Wenn der Staat also deutlich mehr Geld ausgibt als

vor der Reform, kann es nicht nur die lautstark beklagten Verlierer gegeben haben, sondern auch zahlreiche Gewinner. Die Hartz-IV-Neuregelung führte zu einer deutlichen Erweiterung des Empfängerkreises im Vergleich zur früheren Sozialhilfe. Die Einkommens- und Vermögensgrenzen wurden erhöht, die Hinzuverdienstmöglichkeiten verbessert und die Unterkunftsleistungen im Vergleich zu den früher gewährten Wohngeldzuschüssen großzügiger gestaltet. Außerdem verschwand die Stigmatisierungsschranke der alten Sozialhilfe, die Berechtigte aus Scham und Unwissenheit von der Inanspruchnahme von Leistungen abgehalten hatte.

Klare Verlierer sind dagegen die bisherigen Bezieher von Arbeitslosenhilfe, weil deren Ansprüche, die sich prozentual aus ihrem letzten Arbeitseinkommen errechneten, schrittweise auf die Hartz-IV-Regelleistungen herabgestuft wurden. Doch das genau war ja die Absicht, denn eine Alimentierung von erwerbsfähigen Menschen oberhalb des Existenzminimums war auf die Dauer nicht zu rechtfertigen und erst recht nicht zu bezahlen.

Es ging darum, falsche Anreize abzuschaffen, denn wenn das Lohnabstandsgebot beim Bezug von Transferleistungen unberücksichtigt bleibt, lohnt sich für den Betroffenen – zumindest finanziell – die Aufnahme einer neuen Beschäftigung nicht mehr. Trotz der günstigen Arbeitsmarktentwicklung der Jahre 2005 bis 2007 sind die Aufwendungen des Bundes für Hartz IV bis einschließlich 2008 auf dem hohen Niveau des Jahres 2005 geblieben.

Doch politisch ist die Stigmatisierung allemal gelungen. Hartz IV gilt in unserer Gesellschaft ohne jede Einschränkung als unsozial. Gleichwohl beinhaltete das Gesetzespaket schon in der ursprünglichen Version Regelungen, die zum Missbrauch geradezu einluden und damit zur Kostenexplosion beitrugen. Das Subsidiaritätsprinzip, das privater Verantwortung den Vorrang vor staatlicher Fürsorge einräumt, wurde mit den Hartz-IV-Neuregelungen faktisch außer Kraft gesetzt. Sowohl die Unterhaltsverpflichtungen von Eltern gegenüber ihren Kindern als auch umgekehrt von Kindern für ihre Eltern wurden eingeschränkt. So mutierten selbst minderjährige Kinder ohne eigenes Einkommen durch Auszug aus dem elterlichen Haushalt plötzlich zu einer Hartz-IV-anspruchsberechtigten «Bedarfsgemeinschaft» – und erlangten damit einen eigenen Anspruch auf monatliche Regelleistungen, Übernahme der Miet- und Heizkosten und sogar einen Zuschuss zur Erstausstattung der Wohnung durch den Staat.

Weil das Gesetz ausdrücklich auf die individuelle Bedürftigkeit abzielte und damit die Unterhaltsverpflichtung der Eltern für ihre Kinder verneinte, wurde hier ein besonders spektakuläres Beispiel für teure staatliche Überfürsorge geschaffen. Dass nach dieser fatalen Neuregelung gerade in Großstädten die Zahl der Single-Haushalte im Jahr 2005 in die Höhe schoss, brauchte niemanden zu wundern. Auch Jugendliche aus nichtbedürftigen Gesellschaftsschichten fanden daran Gefallen, die erste eigene Wohnung auf Staatskosten zu mieten.

24

Zum Glück stoppte die Große Koalition diese Regelungen bereits nach einem Jahr. Doch für nichteheliche Partnerschaften aller Art ist es dank Hartz IV bis heute günstiger, sich keinen gemeinsamen Hausstand mehr zu leisten, weil sonst eine Einkommensanrechnung des berufstätigen Lebenspartners droht. Getrennte Wohnung bedeutet in diesem Fall also einen Zugewinn an sozialen Leistungen durch den Staat.

Natürlich verbergen sich hinter den Hartz-IV-Neuregelungen auch soziale Härten. Wer sein ganzes Leben lang erwerbstätig war, für sich und seine Familie sorgen und auch ein kleines Vermögen ansparen konnte, empfindet es gewiss als ungerecht, wenn er mit Anfang fünfzig unverschuldet arbeitslos wird – und dann vor dem Bezug von Arbeitslosengeld II erst einmal Teile seines eigenen Vermögens mobilisieren muss. Über die Höhe des sogenannten Schonvermögens lässt sich also diskutieren, ein Freibetrag von 250 Euro pro Lebensjahr für die private Altersvorsorge ist nun wirklich nicht üppig. Für einen 53-Jährigen sind das beispielsweise gerade einmal 13 250 Euro. Wenn man dann noch berücksichtigt, dass der monatliche Rentenversicherungsbeitrag, den der Staat für den ALG-II-Empfänger bezahlt, bei 40 Euro liegt und daraus rechnerisch eine spätere Monatsrente von kaum mehr als 2 Euro resultiert, dann versteht man die Angst vor dem sozialen Absturz, der gerade meine Altersgruppe umtreibt, die bereits ein jahrzehntelanges Erwerbsleben hinter sich hat.

Andererseits würdigen wir die positiven Ergebnisse der Arbeitsmarktreformen viel zu wenig. Gerade wir Älteren hätten allen Grund, etwas gelassener zu sein. Denn in nur vier Jahren ist die Erwerbstätigenquote unserer Altersgruppe um fast 15 auf über 50 Prozent angestiegen. Die Chancen auf Beschäftigung in unserer Erwerbsgesellschaft enden eben nicht mit dem Erreichen des fünfzigsten Lebensjahres, wie uns über viele Jahre suggeriert wurde! Vor dem Beginn der aktuellen Rezession ist die Arbeitslosigkeit in Deutschland insgesamt um mehr als 1,5 Millionen Menschen reduziert worden. Erstmals hat sich die Sockelarbeitslosigkeit in einem Konjunkturzyklus nicht weiter erhöht, sondern ist sogar deutlich abgebaut worden.

Es geht aber auch um eine grundsätzliche Frage: Bedeutet die Absicherung gegen das Risiko der Arbeitslosigkeit, dass ich selbst dann, wenn ich als Arbeitsloser nicht voll bedürftig bin, von der Gesellschaft alimentiert werde? Ist es nicht gerade in einem Sozialstaat unabdingbar, dass ich zunächst mein eigenes Vermögen antaste, ehe ich andere um Hilfe bitte? Wenn ich mir in guten Zeiten etwas aufgebaut habe, will ich als verantwortungsbewusster Mensch eben nicht sofort den Staat bemühen. Soziale Gerechtigkeit kann auf Dauer nur funktionieren, wenn der Sozialstaat auch von seinen Bürgern soziale Verantwortung einfordert.

Die Gesellschaft kann doch von mir erwarten und sollte die entsprechenden Anreize dafür bieten, dass ich mich zügig um eine neue Beschäftigung bemühe, auch dann, wenn ich weniger verdiene als im alten

Beruf. Menschen handeln nun mal überwiegend egois-
tisch, deshalb wäre eine komplette Schonung des Vermögens im Fall des Hartz-IV-Bezugs nichts anderes als
eine verkappte Einladung zur kollektiven Selbstbedienung.

Wir brauchen Regeln, mit denen wir die sozialen
Fähigkeiten des Menschen zur Entfaltung bringen, damit Eigennutz und Gemeinwohl vereinbar werden.
Eigennutz ist weder verwerflich, noch reduziert er den
Menschen auf sein ökonomisches Wesen. Aber gerade
deshalb sollten wir bei der Ausgestaltung unserer Sozialpolitik beachten, in welche Entsolidarisierungsfalle
eine Gesellschaft läuft, die alle Ansprüche an den Staat
individualisiert.

Dass Eltern für ihre Kinder einstehen, dass Kinder
sich um ihre alten und vielleicht pflegebedürftigen Eltern kümmern, dass generell eine innerfamiliäre Solidarität herrscht: Sind das nicht Verhaltensmuster, die
zu allen Zeiten das Zusammenleben und Überleben
selbst in schwierigsten Lebenslagen möglich gemacht
haben? Welche ungeheure Rechnung würde uns dieser
Staat wohl präsentieren müssen, wenn wir die letztlich unbezahlbare soziale Leistung, wie sie auch heute
noch in Millionen Familien erbracht wird, in Euro und
Cent als Sozialleistungen ausschütteten?

Die Sozialversicherungen werden immer höhere
Beiträge bei gleichzeitig sinkenden Leistungen verlangen müssen. Und das Finanzamt wird den Zugriff auf
unsere Einkommen weiter verschärfen. Die Forderungen an unsere Gesellschaft haben also einen hohen

Preis. Wer ihn nicht bezahlen will, muss sich mit seinen Ansprüchen an den Staat bescheiden.

Die kollektive Selbsttäuschung, die sich im Protest gegen Hartz IV manifestiert, hat mit einem Grundmissverständnis in unserer Gesellschaft zu tun. Eine soziale Grundversorgung soll Menschen, die über kein Erwerbseinkommen und kein Vermögen verfügen, in die Lage versetzen, ihre soziale und kulturelle Existenz sichern zu können. Das lässt sich aus dem verfassungsrechtlichen Schutz der Menschenwürde und dem Sozialstaatsgebot des Grundgesetzes ableiten.

Das Missverständnis liegt darin begründet, dass im Laufe der Jahrzehnte bundesdeutscher Sozialstaatspraxis immer mehr Menschen geglaubt haben, sie hätten auf staatliche Grundversorgung eine Art verbrieften Rechtsanspruch – ohne Gegenleistung. Selbst das alte Bundessozialhilfegesetz sah aber Regelungen vor, die einem arbeitsfähigen Leistungsempfänger auch gemeinnützige Arbeiten als Gegenleistung abverlangten. Bei Verweigerung der Leistung konnte die Sozialhilfe in Stufen gekürzt und bei hartnäckigem Widerstand des Klienten sogar nur noch als Sachleistung gewährt werden. Nur kam es äußerst selten zu solchen Sanktionen, weil der Grundanspruch auf Sozialleistungen von der Politik gefördert, in den Sozialverwaltungen umgesetzt und im Streitfall auch von der Sozialgerichtsbarkeit abgesegnet wurde.

Erst mit Hartz IV wird jetzt plötzlich flächendeckend eine verpflichtende Gegenleistung verlangt – zumindest für die erwerbsfähigen Bezieher von Arbeitslosengeld II. Die so heftig kritisierten Ein-Euro-Jobs sind sinnfälliger Ausdruck dieser persönlichen Verpflichtung des ALG-II-Beziehers. Damit hat sich der deutsche Sozialstaat zu Recht von einer gewissen Gutgläubigkeit verabschiedet, die ihren Ausdruck im verbreiteten Lamento vieler Erwerbstätiger gefunden hat: «Wer in Deutschland arbeitet, ist der Dumme!»

Es ist ein Gebot der gesellschaftlichen Solidarität, dass die vom Staat für Bedürftige gewährte Grundversorgung ausdrücklich mit einer verpflichtenden Gegenleistung verbunden wird. Schließlich werden die immensen Summen, die dafür aufgewandt werden müssen, von den Menschen erwirtschaftet, die selbst einer Arbeit nachgehen. Darunter sind viele, die über kaum mehr Einkommen verfügen als so manche Familie, die von Sozialleistungen lebt.

Für wie dumm wir Bürger uns verkaufen lassen, wenn es um Hartz IV geht, zeigt ein Beispiel aus dem Sommer 2008. Es beweist auch, wie die Stigmatisierung eines Begriffs politisch instrumentalisiert wird. Im nachrichtenarmen Monat Juli führten die hohen Energiekosten zu einer öffentlichen Debatte über «Kältetote» in deutschen Wohnungen. Die «Bild»-Zeitung hatte in großen Lettern vorgelegt. Im «Tagesspiegel» warnte Gregor Gysi davor, dass Hartz-IV-Empfänger im kommenden Winter in ihren Wohnungen zu erfrieren drohten, weil sie die steigenden Energiekosten nicht mehr tragen könnten – daher müssten die Energiekonzerne Sozialtarife einführen.[2] Es zeugt beispielhaft vom Niveau der Armutsdebatte in Deutschland, dass der Fraktionsvorsitzende der Linkspartei in seinen Ausführungen eine Tatsache unterschlagen hat: Hartz-IV-Empfängern wird die Miete für eine angemessene Wohnung inklusive Heizung gänzlich vom Staat finanziert, sie spüren also steigende Heizkosten im Gegensatz zum Durchschnittsbürger nicht im eigenen Portemonnaie.

Unter dem Motto «Nie wieder Hartz IV» propagiert seit ein paar Jahren eine merkwürdige Allianz aus liberalen Ökonomen, linken und grünen Politikern, anthroposophischen Bildungsbürgern und sogar einem Thüringer CDU-Ministerpräsidenten ihre – im Detail unterschiedliche, aber konzeptionell ähnliche – Antwort auf die Lösung der sozialen Frage: ein Grundeinkommen für alle, an keine Bedingung geknüpft. Und das Publikum applaudiert, wenn etwa der Gründer der Drogeriekette dm, der Milliardär Götz Werner, darüber philosophiert, dass der Mensch noch produktiver würde, müsse er nicht mehr für sein «Kulturminimum» arbeiten und ließe man ihm nur seine Freiheit.

Monatlich zwischen 800 und 1500 Euro bedingungsloses Einkommen seien laut Werner die Voraussetzung, damit sich der Mensch aus eigenem Antrieb eine sinnvolle Aufgabe sucht. Sein Vorschlag für die Finanzierung gründet auf mindestens so viel Naivität wie das sympathische, aber lebensfremde Menschenbild des Anthroposophen. Die komplette Sozialbürokratie, lautet sein Argument, wäre plötzlich entbehrlich, weil keine Bedürftigkeitsprüfungen mehr nötig seien. Die Personalkosten von Hunderttausenden Mitarbeitern des öffentlichen Dienstes, deren Arbeitsleistung dann nicht mehr gebraucht würde, stünden dafür zur Verfügung. Und mit einer Mehrwertsteuer von 40 und mehr Prozent könne man ganz nebenbei auch die billigen Importwaren verteuern und zur Finanzierung des Grundeinkommens für alle heranziehen.

Diese Wunschvorstellung hat in unserer Gesellschaft, aber selbst in den politischen Parteien einen beachtlichen Resonanzraum gefunden. Den letzten Anstoß für meinen Austritt aus der grünen Partei gab das deutliche Votum der baden-württembergischen Grünen zum Grundeinkommen im Oktober 2007. Im Vorfeld des Bundesparteitags im November desselben Jahres, bei dem die Grünen die Entscheidung zwischen dem bedingungslosen Grundeinkommen und einer massiven Ausweitung der Hartz-IV-Leistungen treffen wollten, formulierte ich öffentlich meine Haupteinwände gegen die Idee des Grundeinkommens: Das Versprechen blendet aus, dass dieses leistungslose Grundeinkommen von Menschen, die arbeiten, zunächst einmal erwirtschaftet werden muss. Und die Hoffnung, der Mensch werde erst richtig kreativ, wenn er für sein Existenzminimum nicht mehr arbeiten müsse, hat sich in unserer Gesellschaft längst als Irrglaube erwiesen.

Es lässt sich beobachten, welche Konsequenzen der Dauerbezug von Sozialleistungen für Eltern und Kinder haben kann. Eine Vielzahl von Studien[3] bestätigt: Kinder aus langjährigen Sozialhilfehaushalten sind oft psychisch und physisch verwahrlost, weil sie

31

überdurchschnittlich lange fernsehen, sich ungesünder ernähren und zu wenig körperlich bewegen. Sie haben kariösere Zähne, weil sie keine ausreichende Zahnpflege praktizieren und viele Süßigkeiten essen. Zwangsläufige Folge dieser Lebensweise, die von den Eltern passiv hingenommen oder sogar aktiv gefördert wird, ist eine überdurchschnittliche Tendenz zum Übergewicht, die sich bereits bei der Einschulung manifestiert.

Die Kinder in solchen Familien sind die unschuldigen Opfer einer Politik, die viel zu lange die Aktivierung der Eltern vernachlässigt hat. Wer in diese Familien ständig mehr Transfermittel pumpt, statt den Kindern über Ganztagsbetreuung und faire Bildungschancen einen Weg aus der geerbten Armut zu ebnen, betreibt das Gegenteil von sozialer Politik. Das bedingungslose Grundeinkommen wäre deshalb ein Irrweg.

Es ist erschreckend, mit welcher Oberflächlichkeit gerade die gutsituierte Bildungsbürgerschicht häufig über soziale Leistungen diskutiert. Manchmal klingt das verdächtig nach der Devise «Viel hilft viel!». Doch mit mehr Geld wird häufig genug eine Armutsfalle zementiert, die nicht nur materiell abhängig macht, sondern gerade die Kinder aus ärmeren Schichten intellektuell verkümmern lässt.

Auch wenn dies politisch unkorrekt erscheint, will ich noch auf eine gefährliche Nebenwirkung hinweisen, die aus der jahrelangen Auseinandersetzung um die Hartz-IV-Arbeitsmarktreformen folgt: Gerade in der breiten Mittelschicht unserer Gesellschaft hat die ständige politische Debatte über höhere Sozialtransfers zu Frustration geführt. Weil die Nettoeinkünfte von Millionen Arbeitnehmern, Handwerkern und Freiberuflern im letzten Jahrzehnt kaum gestiegen sind, sondern Steuerprogression, Sozialversicherungen und Inflation die nominalen Einkommenszuwächse aufgefressen haben, fühlen sie sich nur noch als Zahlmeister, nach dem Motto: Die Politik verteilt zu großzügig, was wir erwirtschaften! Diese Haltung kann sich schnell zur politischen Gefahr für unsere Demokratie auswachsen. Denn wenn die Mitte der Gesellschaft die Konsequenzen zieht, ob durch massenhafte Wahlabstinenz oder spürbare Leistungsverweigerung, dann ist das Gemeinwesen in seinem Kern bedroht.

Länger im Wohlstand leben, früher in Rente gehen

Die kollektive Selbsttäuschung unserer Gesellschaft zeigt sich besonders anschaulich beim Thema Altersversorgung. Obwohl die Politik wirksame Einschnitte beschlossen hat, irrlichtert sie weiter zwischen Populismus und Reformwillen. Und statt Aufklärung zu betreiben, bedient sie lieber die Anspruchshaltung von uns Bürgern.

Denn wir hegen nirgendwo größere Illusionen als bei der Rente. Arbeiten bis 65 Jahre oder künftig gar bis 67? Die meisten Bürger empfinden diese Aussicht als Zumutung. Mehr als zwei Drittel der Arbeitnehmer wollen nicht länger als bis 60 arbeiten, wie aktuelle Meinungsumfragen belegen.[4] Wir wollen früher in Rente gehen, um den längeren Lebensabend zu genießen. Und es scheint, als hätten wir nichts dazugelernt.

Nur zu gern sind wir Deutschen über fast zwei Jahrzehnte den Schalmeienklängen eines Norbert Blüm gefolgt: «Die Rente ist sicher!» Der teuerste Bundesarbeitsminister in der Geschichte der Bundesrepublik, gemessen vor allem an der Großzügigkeit seiner üppigen Vorruhestandsregelungen, die in den achtziger und neunziger Jahren Konjunktur hatten, besaß stets die Lufthoheit über den Stammtischen der rentennahen Jahrgänge und natürlich der Rentner. Und obwohl Blüm Christdemokrat war, hätte ein sozialdemokratischer Arbeitsminister nicht freigebiger agieren können.

Dabei gab es vor mehr als dreißig Jahren einen CDU-Generalsekretär namens Kurt Biedenkopf, der 1977 gemeinsam mit dem Sozialwissenschaftler Meinhard Miegel das Bonner Institut für Wirtschaft und Gesellschaft gründete, das sich vor allem mit den strukturellen Problemen der Rentenversicherung befasste. Die Alterung der Gesellschaft und der andauernde Rückgang der Geburtenrate, so deren Warnung, werde das Rentenniveau einem Zangengriff aussetzen, dem die Gesellschaft nicht standhalten könne. Gleichzeitig belasteten die wachsenden Rentnerkohorten die aktive Generation, die über steigende Sozialversicherungsbeiträge die Lasten zu schultern habe.

Die politischen Folgen von Biedenkopfs öffentlicher Kritik am bestehenden Rentensystem sind schnell erzählt. Der CDU-Vorsitzende Helmut Kohl löste seinen machtpolitisch gefährlichen Generalsekretär ab, der den Glauben der Deutschen an die staatliche Rente zu erschüttern drohte, kürte den Sozialpolitiker Heiner Geißler zu dessen Nachfolger und machte, als er 1982 Kanzler wurde, Norbert Blüm zum Minister.

Blüms Rentenlüge überlebte nicht nur die achtziger Jahre, sondern überstand sogar die Wiedervereinigung. Spätestens zu diesem Zeitpunkt aber wäre eine grundlegende Reform der Rente dringend nötig gewesen. Viel zu spät, 1992, reagierte die Politik mit Einschnitten, insbesondere mit der Koppelung der Renten an die Netto- statt die Bruttolohnentwicklung. Und erst 1997, kurz vor ihrer Abwahl, fügte die konservativ-liberale Regierung gegen den Widerstand der Opposition den demographischen Faktor in die Rentenformel ein.

Für die SPD wiederum war das Thema Rentenkürzung ein gefundenes Fressen im Wahlkampf 1998 – sie versprach für den Fall ihres Wahlsieges die Rücknahme der Dynamisierungsbremse und konnte damit bei den wahlentscheidenden Rentnern punkten. Doch der Preis war hoch: Das Versprechen bedeutete nichts weniger als die Abkehr vom Prinzip der Generationengerechtigkeit. Nach der Wahl strich Rot-Grün sofort den demographischen Faktor: Die Beitragszahler hatten fortan die Kosten der steigenden Lebenserwartung allein zu tragen. Damit wurden fünf lange Jahre für eine dringend notwendige Rentenreform verschenkt. Erst im Rahmen von Gerhard Schröders Agenda-2010-Projekt erfuhr das ursprüngliche Konzept 2003 ein verspätetes, aber umso wirksameres Comeback als «Nachhaltigkeitsfaktor».

Fast eine Generation nach den Mahnungen von Kurt Biedenkopf und Meinhard Miegel versucht der Gesetzgeber endlich, die Ausgaben in der Rentenversicherung zu bremsen. Der Nachhaltigkeitsfaktor berücksichtigt das Zahlenverhältnis von Beitragszahlern und Rentenempfängern und begrenzt damit den jährlichen Rentenanstieg. Als Konsequenz werden die Renten auf absehbare Zeit nominal nur noch bescheiden anwachsen oder stagnieren, auf lange Zeit – um die Geldentwertung bereinigt – sogar tendenziell sinken. Zugleich sorgte die Agenda-2010-Politik auch für ein Auslaufen der Vorruhestandsregelungen, um den jahrzehntelangen Trend zur Frühverrentung endlich zu stoppen.

Im März 2006 erhöhte die Große Koalition per Gesetz stufenweise das Renteneintrittsalter von 65 auf 67 Jahre, beginnend mit dem Jahr 2012 und abgeschlossen im Jahr 2029. Der Geburtsjahrgang 1947 wird dann einen Monat später in die reguläre Altersrente gehen als heute, jeder weitere Jahrgang bis zum Geburtsjahrgang 1958 jeweils einen weiteren Monat später. Ab dem Geburtsjahrgang 1959 verdoppelt sich der jährliche Erhöhungstaktschlag beim Renteneintritt von einem auf zwei Monate. Damit werden dann alle 1964 Geborenen – mit 1,4 Millionen Geburten der stärkste Jahrgang in der deutschen Nachkriegsgeschichte – erst mit Vollendung des 67. Lebensjahres ihre Altersrente beziehen können.

Die Politik hat also einen vernünftigen Schritt getan. Doch wir Bürger pflegen weiter unsere Illusionen. Nach wie vor wollen wir daran glauben, dass wir früher mit dem Arbeiten aufhören können. Und natürlich fordern wir von der Politik höhere Renten. Dafür sind wir, nicht nur als Rentner, gern bereit, die Parteien zu wählen, die uns möglichst viele staatliche Leistungen versprechen. Weil Oskar Lafontaine und seine Linkspartei wider besseres Wissen für die Rente mit 60 – ohne Abschläge – trommeln, entdecken plötzlich auch andere Parteien wieder ihr Herz für die Rentner. Die SPD greift programmatisch die Themen Vorruhestand und Altersteilzeit auf, um dem verbreiteten Wunsch der Bevölkerung nach früherem Renteneintritt entgegenzukommen.

Nach dem Willen der SPD soll auch über das Jahr 2009 hinaus Altersteilzeit möglich sein und durch die Bundesagentur für Arbeit gefördert werden. Bedingung sei allerdings, dass die frei werdende Stelle des ausscheidenden Vorruheständlers durch einen Ausbildungsabsolventen besetzt werde. Einen entsprechenden Präsidiumsbeschluss fassten die Sozialdemokraten bereits im Juni 2008 – mit Blick auf die demographische Entwicklung ein fatales Signal. Aber auch bei den Sozialausschüssen der Union gibt es Sympathien für einen flexibleren Renteneintritt. Der stellvertretende Bundesvorsitzende Gerald Weiß, zugleich Vorsitzender des Bundestagsausschusses für Arbeit und Soziales, kann sich eine niedrigere Altersgrenze für die Teilrente gut vorstellen. Angesichts der aktuellen Entwicklung am Arbeitsmarkt infolge der Rezession dürfte sich der Trend zu dieser längst überwunden geglaubten Politik noch verstärken.

Die Große Koalition hat bereits einen ersten Sündenfall begangen: Die Kürzung der Bezugsdauer von Arbeitslosengeld für ältere Arbeitnehmer wurde wieder abgeschafft. Dabei hatte diese 2003 beschlossene Maßnahme die Beschäftigungschancen der Älteren deutlich verbessert. Bundesweit sank die Arbeitslosigkeit der über Fünfzigjährigen zwischen 2005 und 2007 erheblich stärker als in allen anderen Altersgruppen. Nach der aktuellen Kehrtwende der Politik steht zu befürchten, dass Arbeitgeber und Betriebsräte wieder verstärkt die Chance nutzen werden, ältere Beschäftigte über diesen Weg vorzeitig aus dem Arbeitsleben auszumustern. Zu Lasten der Bundesagentur für Arbeit wird dann eine beliebte Methode reaktiviert, das bestehende Kündigungsschutzgesetz zu umgehen.

Besonders pikant an diesem politischen Rollback war, dass ausgerechnet ein christdemokratischer Ministerpräsident gegen den anfänglichen Widerstand der Sozialdemokraten die Abkehr vom Pfad der Agenda-2010-Reformen erkämpfte – Jürgen Rüttgers. Und auch hier war Volkes Stimme die Triebfeder für eine verantwortungslose Politik. Der christdemokratische Ministerpräsident von Nordrhein-Westfalen hat sich in der traditionellen Hochburg der SPD aus reinem Machtkalkül dazu entschlossen, als Sprachrohr der kleinen Leute aufzutreten, indem er die vertrauten sozialen Themen besetzt.

Statt über die Folgen dieser illusionären Politik aufzuklären, instrumentalisiert er einen verbreiteten Irrtum für Machtzwecke. Wir glauben gern, dass wir im Fall einer Kündigung durch eine möglichst lange Bezugsdauer von Arbeitslosengeld vor dem sozialen Absturz bewahrt werden. Dabei trifft genau das Gegenteil zu: Je länger ein Mensch aus dem Arbeitsprozess ausgemustert ist, desto mehr droht er an Marktwert zu verlieren. Eine allzu lange Bezugsdauer von Sozialtransfers kann deshalb oft wie eine Art Stilllegungsprämie wirken, und die gutgemeinte Sozialpolitik verführt am Ende eher zur Passivität. Wir können Menschen auch dadurch entwürdigen, dass wir ihnen zu wenig zutrauen. Denn was nützt es, dass wir den strengen Kündigungsschutz älterer Arbeitnehmer wie eine Monstranz vor uns hertragen, wenn wir gleichzeitig die Voraussetzungen dafür schaffen, dass er mit Hilfe staatlicher Sozialtransfers unterlaufen wird?

Der bisherige Höhepunkt einer verantwortungslosen Rentenpolitik ist die Aussetzung des Riester-Faktors, wie sie die Große Koalition für die Jahre 2008 und 2009 beschlossen hat. Ein Schelm, wer Böses dabei denkt und die Entscheidung mit den Bundestagswahlen im Herbst 2009 in Verbindung bringt. Diese populistische Abkehr von der neuen Rentenformel ist nicht nur unverantwortlich und kurzsichtig, weil sie mittel- und langfristig die Sozialbeiträge noch mehr in die Höhe treibt. Sie bewirkte auch nicht die gewünschte Dankbarkeit, denn die zwanzig Millionen Rentenempfänger waren mit der Erhöhung um 1,1 Prozent (statt wie geplant 0,46 Prozent) nach jahrelangen nominalen Nullrunden keineswegs zufriedengestellt – schon die Inflationsrate lag zur gleichen Zeit nahezu dreimal höher.

Zum Kommunikationsdesaster wurde diese Aktion «Rentnerbeglückung» aber vollends, als die Große Koalition fast zeitgleich eine zusätzliche Diätenerhöhung für die Bundestagsabgeordneten durchzusetzen versuchte. Die Abgeordneten wollten sich zum 1. Januar 2009 eine satte Steigerung ihrer Bezüge um insgesamt 8,3 Prozent gönnen, ein Affront gegen das Wahlvolk, der letztlich zum Scheitern dieser maßlosen Selbstbedienung führte.

Schlimm ist aber vor allem: Die vermeintliche Freundlichkeit der Politik gegenüber den Rentnern hat Folgen, denn die Mehrausgaben müssen von den Beitragszahlern bestritten werden. Und aus der versprochenen Senkung des Rentenversicherungsbeitrags im Jahr 2010 wird wohl nichts werden. Im Gegenteil, nicht einmal eine Erhöhung kann heute ausgeschlossen werden. Damit bezahlen die Kinder und Enkel, die berufstätig sind, die Wohltat der Politik für ihre Eltern und Großeltern.

Dabei drängen allein schon die ernüchternden Zahlen zu einem entschiedenen Umsteuern in der Rentenpolitik. Als ich im Herbst 1994 erstmals in den Bundestag gewählt wurde, überwies der Bund ungefähr 30 Milliarden Euro an die Rentenversicherung. Diese Summe entsprach rund 17 Prozent der Gesamtausgaben der Rentenkasse. Zehn Jahre später war der Bundeszuschuss auf mehr als 78 Milliarden Euro gestiegen und deckte knapp 26 Prozent der Rentenausgaben.

In diesem gigantischen Zuwachs stecken vor allem die Kosten der Wiedervereinigung, aber auch die massiven Folgewirkungen der Frühverrentungsprogramme, mit denen die Politik auf die steigende Ar-

41

beitslosigkeit reagierte. Denn Vorruhestandsregelungen haben immer eine doppelte negative Konsequenz: Der Betroffene erhält nicht nur eine Rente zu Lasten der Solidargemeinschaft, er fällt auch vorzeitig als Beitragszahler und damit als Finanzier des Solidarsystems weg. Von der Deutschen Rentenversicherung wird eine Zahl von rund 66 Milliarden Euro pro Jahr genannt, die im Saldo aus dem Verlust von Beitragseinnahmen und der Auszahlung von Renten vor der gesetzlichen Regelaltersgrenze entsteht. Rechnerisch brauchte man übrigens acht Mehrwertsteuerpunkte, um eine derartig gewaltige Summe auszugleichen.

Die Finanzierung solcher riesigen Beträge fällt nicht vom Himmel. Auch der gutgläubigste Wähler müsste dies begreifen. Weil aber nicht zuletzt unser Bildungssystem systematisch die Aufklärung über die Grundlagen unserer marktwirtschaftlichen Ordnung vernachlässigt, fehlt nicht wenigen von uns das Basiswissen über die wichtigsten Zusammenhänge unseres Sozialsystems. Oft werde ich als Politiker bei Veranstaltungen mit Rentnerinnen und Rentnern mit der Frage konfrontiert: «Wo sind denn meine Beiträge geblieben, die ich mein ganzes Arbeitsleben lang in die Rentenkasse eingezahlt habe?» Dass sie damit die Rente ihrer eigenen Eltern und Großeltern bezahlt haben, während ihre Renten heute von ihren Kindern und Enkeln bezahlt werden, löst Unverständnis aus. Nicht selten herrscht die Vorstellung, es habe einst Abermilliarden an Rücklagen gegeben, die systematisch veruntreut worden seien.

Die Sicherung des Lebensstandards im Alter kostet viel Geld. Je länger ich lebe, umso teurer wird dieses System. Jeder, der für eine Privatrente anspart, weiß das. Je länger die Mindestrentenbezugsdauer, die ich vertraglich vereinbare, desto höher die monatlichen Ansparbeträge. In der gesetzlichen Rentenversicherung muss das «Längerlebigkeitsrisiko», wie die Versicherungsmathematiker sagen, natürlich ebenfalls bezahlt werden. Ob ich als Durchschnittsrentner zehn oder siebzehn Jahre Rente beziehe, bedeutet einen gewaltigen Kostenunterschied für die Rentenkasse. Deshalb steigen die Ausgaben der Rentenversicherung auch in Zeiten von nominalen Nullrunden.

Als 1891 das *Gesetz zur Alters- und Invaliditätsversicherung* erstmals einen gesetzlichen Rentenanspruch begründete, lag das Renteneintrittsalter noch bei 70 Jahren. Wer bei einer damals üblichen Sechzigstundenwoche wenigstens dreißig Jahre Beiträge gezahlt hatte, erhielt eine äußerst bescheidene Unterstützungszahlung im Alter. Die durchschnittliche Lebenserwartung betrug damals – die hohe Säuglingssterblichkeit herausgerechnet – 53 Jahre für Männer und 55 Jahre für Frauen. Heute sind es 79 bzw. 83 Jahre.[5] Entsprechend den niedrigen Rentenzahlungen und der vergleichsweise geringen Anzahl von Menschen, die das Renteneintrittsalter überhaupt erlebten, lag der Beitragssatz bei nur 1,7 Prozent, was sich Arbeitnehmer, Arbeitgeber und Staat damals teilten. Die Rente war als Ansparmodell konzipiert. Die Beiträge flossen in eine Rentenkasse, und es wurden Rücklagen gebildet.

Doch nach dem Ende des Ersten Weltkriegs fraß die Hyperinflation ganz schnell das Reinvermögen der Deutschen Rentenbank auf. Bereits zu Beginn der Weimarer Republik wurden die Renten teilweise aus laufenden Beitragseinnahmen finanziert, und der Staat schoss Steuermittel zu. Spätestens im Zuge der Weltwirtschaftskrise 1930 bis 1933 wurden dann die Leistungen der Rentenversicherung massiv gekürzt. Ohne die Unterstützung durch die eigenen Kinder konnte in jenen Jahren von der staatlichen Minimalrente kein Mensch leben.

Erst 1957 erfolgte der Systemwechsel zur Umlagefinanzierung. Arbeitnehmer und Arbeitgeber bezahlten den Beitragssatz von 15 Prozent jeweils zur Hälfte. Statt Rücklagen anzusparen, wurden die Beitragseinnahmen sofort als Rentenleistungen ausbezahlt. Weil die deutsche Wirtschaft prosperierte, war es möglich, die Renten dynamisch anzupassen, also jährlich deutlich zu erhöhen. Die Politik glaubte, es sei leichter, Beitragszahlungen durch die Arbeitnehmer als dauerhafte Einnahmequelle durchzusetzen, als einen angesparten Kapitalstock vor Krieg und Wirtschaftskrisen zu schützen.

Unter dem damaligen Bundeskanzler Konrad Adenauer unterblieb allerdings die Einbeziehung einer Kinderkomponente in das Finanzierungssystem. Weil ein Umlagesystem davon lebt, dass immer wieder eine Nachfolgegeneration mit ihrer Arbeitsleistung die Rentenzahlungen der Vorgängergeneration sichert, forderte Professor Wilfrid Schreiber, der geistige Vater der dynamischen Rente, eine «Kinderrente», die die Verdoppelung der Beitragssätze für Kinderlose vorsah und somit eine demographische Entwicklung mit einbezog. Adenauer verwarf dieses Konzept trotz der Bedenken seines Wirtschaftsministers Ludwig Erhard mit dem legendären Ausspruch: «Kinder kriegen die Leute sowieso!»

Dass er sich damit gründlich täuschte, beweist der dramatische Geburtenrückgang in Deutschland – innerhalb von vierzig Jahren halbierte sich die Zahl der jährlichen Geburten. Die gleichzeitig massiv gestiegene Lebenserwartung führte zu einem strukturellen Ungleichgewicht im Generationenvertrag der gesetzlichen Rentenversicherung. Erst mit den Reformschritten der vergangenen fünf Jahre wurde die Nachhaltigkeitslücke in der gesetzlichen Rente deutlich verringert. Der Vorruhestand wurde erschwert, der Nachhaltigkeitsfaktor eingeführt, die Erhöhung des Renteneintrittsalters ist gesetzlich beschlossen. Welchen tagespolitischen Gefährdungen dieses Maßnahmenpaket in der aktuellen Politik ausgesetzt ist, habe ich bereits beschrieben.

Zur Ehrlichkeit beim Thema Altersversorgung gehört auch eine weitere wichtige Erkenntnis: Wer im Ruhestand seinen Lebensstandard sichern will, wird auch als sozialversicherungspflichtiger Arbeitnehmer zeit seines Lebens einen Teil seines Einkommens zusätzlich für eine zweite Säule seiner Altersversorgung zurücklegen müssen. Notwendig sind dafür rund acht Prozent vom monatlichen Bruttoeinkommen als private Vorsorge. Auch das mietfreie Wohnen in der selbstgenutzten Immobilie zählt dabei letztlich zur Altersvorsorge.

Wer sich die Realität im Land anschaut, könnte allerdings verzweifeln. Genau jene Personengruppe mit unterdurchschnittlichen Einkommen, die am stärksten unter dem Absinken des gesetzlichen Rentenniveaus zu leiden haben wird, nutzt die mit hohen Zuschüssen versehenen Altersvorsorgeprodukte, die sich hinter dem Schlagwort «Riester-Rente» verstecken, immer noch unzureichend. Anders gesagt: Die Riester-Produkte werden von den falschen Leuten genutzt. Besserverdienende mit hohen Grenzsteuersätzen, aber auch Beamte und Selbständige kaufen sich durch den Umweg über den Ehepartner oder einen 400-Euro-Job in die staatliche Riester-Förderung ein.

Ich gehörte 1999 als Abgeordneter zu den Befürwortern einer Riester-Rente, die für alle obligatorisch ist. Das war auch die ursprüngliche Absicht von Walter Riester und den Finanzpolitikern der rot-grünen Koalition. Doch die «Bild»-Schlagzeile «Rot-Grün plant Zwangsrente!» bereitete dem Vorhaben ein schnelles Ende. Das Ergebnis ist bekannt: Es gibt in Deutschland derzeit rund 28 Millionen sozialversicherungspflichtige Arbeitnehmer, aber nur rund 12 Millionen Riester-Verträge. Selbst wenn die Banken und Versicherungen, die diese Produkte inzwischen gern verkaufen, weil die Provisionsregelungen für sie großzügig umgestaltet wurden, noch ein paar Millionen Verträge unter das Volk bringen: Am Ende werden im Alter genau jene späteren Rentnerinnen und Rentner aus dem unteren Einkommenssegment trotz relativ langer Beitragsdauer die vom Steuerzahler aufgestockte Grundsicherung in Anspruch nehmen müssen, da sie keine zweite Säule angespart haben. Deren Zeche bezahlen dann jene zwei Drittel der Gesellschaft, die jetzt noch glauben, ein Schnäppchen zu machen, weil sie mit staatlicher Förderung zusätzlich vorsorgen.

Wäre nicht die bessere Lösung eine Pflicht zur privaten Vorsorge für all diejenigen, deren Ansprüche in der gesetzlichen Rentenversicherung massiv absinken werden? Die Schweiz hat es vorgemacht. Wir kennen in Deutschland diese Vorsorgeverpflichtung, die der Staat dem Einzelnen auferlegt, aus der Kraftfahrzeughaftpflicht. Jeder Halter eines Fahrzeugs muss mit der Zulassung eine Versicherung nachweisen, die bestimmte Mindestdeckungssummen garantiert. Damit wird sichergestellt, dass ein Geschädigter im Straßenverkehr nicht ohne Schadenersatz bleibt, auch wenn der Schädiger ein armer Schlucker ist. Was beim Kraftfahrzeug vorgeschrieben ist, sollte erst recht für das Armutsrisiko im Alter gelten. Mit dem staatlichen Zwang zur Vorsorge schütze ich unsere alternde Gesellschaft vor der massiven Zunahme von Altersarmut.

Ein weiteres Problem der Altersversorgung unserer Gesellschaft soll nicht unerwähnt bleiben: Die Pensionen der Berufsbeamten werden unbezahlbar. In den kommenden Jahren werden vor allem die geburtenstarken Lehrerjahrgänge, die in den siebziger Jahren eingestellt wurden, in Pension gehen. Ein Oberstudienrat kostet den Dienstherrn – das jeweilige Bundesland – im Durchschnitt pro Monat rund 4000 Euro (inkl. Krankheitskostenzuschuss im Weg der Beihilfe). Obwohl auch bei den Pensionsansprüchen der Berufsbeamten inzwischen moderate Einschnitte beschlossen wurden, bleibt das System überaus privilegiert. Allein die Berechnung der späteren Pension nach den letzten drei Erwerbsjahren wirkt wie eine durch nichts zu rechtfertigende Bevorzugung gegenüber sozialversicherten Arbeitnehmern. Wenn Beamte über siebzig Prozent der aktiven monatlichen Bezüge aus den in aller Regel bestverdienenden letzten drei Jahren ihres Erwerbslebens als Pension erhalten, dann wird klar, warum sich die Nettoeinkommen von Pensionärs- und Rentnerhaushalten seit vielen Jahren zugunsten der ersteren auseinanderentwickeln.

Und auch die Beihilfe zur Krankenversicherung, die in vielen Bundesländern bis zu siebzig Prozent der Krankheitskosten des privatversicherten Pensionärs aus der Staatskasse bezahlt, ist ein teures Privileg. Die Mär vom billigen Beamten ist nur deshalb unausrottbar, weil in Politik und Medien viele Akteure von diesem Status direkt oder indirekt profitieren. Wer die Einschnitte, die in der gesetzlichen Rentenversicherung bereits beschlossen sind, tatsächlich wirkungsgleich auf die Pensionsansprüche übertragen wollte, der müsste massive Kürzungen vornehmen. Das arbeitgebernahe Institut der Deutschen Wirtschaft hat nachgewiesen, dass die Standardrente seit Mitte der neunziger Jahre nominell um elf Prozent gestiegen ist.

Die durchschnittlichen Versorgungsbezüge pensionierter Beamter sind in der gleichen Zeit dagegen um fast ein Drittel gewachsen. Doch der Gesetzgeber tut offensichtlich weiter alles, um die Schere zwischen Renten und Pensionen zu öffnen.

Die Macht des Berufsbeamtentums lässt sich auch anhand der Einkommensentwicklung der letzten beiden Jahre anschaulich belegen. Während den Rentnern nach Jahren der Nullrunden wie beschrieben zum 1. Juli 2008 eine Erhöhung von 1,1 Prozent bewilligt wurde, gewährte das Bundesbesoldungs- und -versorgungsanpassungsgesetz 2008/2009 den Pensionären bereits am 1. Januar 2008 einen Sockelerhöhungsbetrag von 50 Euro monatlich. Zusätzlich gab es im Laufe des Jahres 2008 noch eine lineare Erhöhung um 3,1 Prozent. Am 1. Januar 2009 stiegen die Pensionen erneut um 2,8 Prozent. Zwar war bei den Beamten in beiden Jahren der Riester-Faktor nicht ausgesetzt, weshalb ein Gesamtabschlag von 1,62 Prozent mit diesen Erhöhungen verrechnet wurde. Trotzdem sind die Pensionen der Beamten in beiden Jahren mindestens doppelt so stark erhöht worden wie die gesetzliche Rente, selbst wenn die Erhöhung der Renten im laufenden Jahr mit etwa 2,5 Prozent recht ordentlich ausfallen dürfte. Die politische Begründung für die Bevorzugung der Beamten: Nach mehreren Nullrunden sei eine stattliche Erhöhung notwendig. Von den jahrelangen Nullrunden in der Rente schweigt man lieber.

Beim Beamtenstatus mit seinen unbezahlbaren Pensionslasten verweigert die Politik nach wie vor jede substanzielle Problemlösung. Kein Wunder, profitieren Politiker doch selbst von einer Beamtenversorgung de luxe. Dabei brauchte unsere Gesellschaft nichts dringlicher als den Mut zur politischen Wahrheit, die nicht nach Wählerstimmen schielt, sondern verantwortliche Zukunftslösungen anbietet.

Der alltägliche (Selbst-)Betrug

«Moral Hazard» – diesen Begriff gebrauchen Ökonomen, um etwa zu erklären, warum ein Arbeitsloser dazu neigt, sich erst dann ernsthaft um eine neue Beschäftigung zu bemühen, wenn er mit Arbeit signifikant mehr verdienen würde, als er vom Staat an Unterstützungsleistung erhält. Dieser – wörtlich übersetzt – sittlichen Gefährdung, im Zweifelsfall zwischen der individuellen und der kollektiven Rationalität wählen zu müssen, sind wir im Alltag sehr oft ausgesetzt.

Immer häufiger verhalten wir uns eigennützig, missachten das scheinbar abstrakte Gemeinwohl, das sich anonym hinter dem Staat oder auch nur einer Versichertengemeinschaft verbirgt. Steuerhinterziehung und Versicherungsbetrug sind für viele Bürger Kavaliersdelikte und kaum einer Aufregung wert. Dabei schädigen wir durch diesen millionenfach praktizierten Betrug, der oft ohne jegliches Unrechtsbewusstsein begangen wird, letztlich uns selbst.

Als im Februar 2008 der Post-Vorstandsvorsitzende Klaus Zumwinkel fernsehgerecht zur staatsanwaltlichen Einvernahme abgeführt wurde, weil er Millionenbeträge am deutschen Finanzamt vorbei nach Liechtenstein geschafft haben soll, ging eine Welle der moralischen Empörung durchs Land. Man hätte glauben können, dass es in Deutschland von ehrlichen Steuerzahlern nur so wimmelt. Wochenlang konnten sich Medien, Politiker und Bürger gemeinsam über einen Spitzenmanager als mutmaßlichen Steuerstraftäter erregen, an dessen Fall sich die unmoralische Raffgier der deutschen Wirtschaftselite so spektakulär wie pauschal behaupten ließ.

In Wahrheit verbirgt sich hinter dieser kollektiven Entrüstung eine Doppelmoral. Denn Steuerhinterziehung ist fast schon ein alltäglicher Vorgang im Land geworden. Jeder mag sich selbst fragen, wann er das letzte Mal einem Handwerker gegenüber – ganz nebenbei – erwähnt hat, er brauche keine Rechnung und wolle bar bezahlen. Ein kleiner Hinweis mit großer Wirkung: Man spart die Mehrwertsteuer und damit 19 Prozent der Rechnungssumme. Ein gutes Geschäft für den Kunden und den Handwerker, ein schlechtes für den Fiskus und alle ehrlichen Steuerzahler. Steuerhinterziehung ist für viele Bürger eine Art Gesellschaftsspiel.

So steht die Aufregung gegenüber Zumwinkel und Co. in keinem Verhältnis zur tatsächlich praktizierten Steuermoral im Land. Damit ich nicht falsch verstanden werde: Natürlich gehört gerade auch die Steuerhinterziehung von Spitzenverdienern strafrechtlich geahndet. Und selbstverständlich muss man besonders von Führungspersönlichkeiten persönliche Integrität und Anstand erwarten. Vermutlich hat der frühere Postchef seine härteste Strafe bereits gezahlt. Er hat nicht nur sein Amt als Vorstandsvorsitzender, sondern auch seinen honorigen Ruf verloren. Dazu kommt ein Strafprozess, an dem die Öffentlichkeit wieder breiten Anteil nimmt. Eine hohe Geldbuße ist wahrscheinlich, ja sogar eine Freiheitsstrafe nicht ausgeschlossen. In diesem Steuerstrafverfahren wird sicher ein Exempel statuiert: Seht her, auch Großbetrüger werden zur Rechenschaft gezogen! Doch wir gewöhnlichen Steuerbürger dürfen uns damit nicht zufriedengeben, weshalb ich unsere eigene Steuermoral einmal etwas genauer betrachten will.

Nehmen wir ein Beispiel aus dem Alltag. Fast zwölf Monate lang haben meine Frau und ich trotz intensiver Suche keine Putzhilfe im Haushalt beschäftigen können, weil niemand bereit war, angemeldet für neun Euro netto zu arbeiten. Es gab durchaus Bewerberinnen: schwarz auf die Hand gern, aber nicht mit Anmeldung bei der Sozialversicherung. Es könnte auffallen, dass man mehrere 400-Euro-Jobs parallel ausübt, oder der Verdienst würde plötzlich mit den Hinzuverdienstgrenzen kollidieren, die beim Bezug staatlicher Transferleistungen gelten. Ich habe einmal im Bekanntenkreis von dieser Erfahrung berichtet – und erntete fast Schadenfreude. Erst recht, als ich darauf hinwies, dass ich es mir als Politiker nicht erlauben könne, Schwarzarbeiter im Haushalt zu beschäftigen. Selber schuld, war der Tenor. Eine weitverbreitete Doppelmoral verlangt von «denen da oben» eine komplett weiße Weste. Sie sollen ja schließlich vorleben, was man selbst augenzwinkernd im Alltag missachtet.

Zigtausende Putzhilfen arbeiten schwarz in Privathaushalten, unzählige Menschen aus Osteuropa leisten unschätzbare Dienste bei der häuslichen Pflege von Eltern oder Schwiegereltern. In den seltensten Fällen handelt es sich dabei um sozialversicherungspflichtige Jobs – weil die staatlichen Rahmenregelungen nicht praxistauglich sind. Und vor allem, weil die privaten Arbeitgeber Sozialabgaben sparen wollen.

Unter dem demagogischen Stichwort «Abschaffung des Dienstmädchenprivilegs» ist in der rot-grünen Regierungszeit die steuerliche Absetzbarkeit von haushaltsnahen Dienstleistungen wieder abgeschafft worden. Gerade zu einem Zeitpunkt, als gutverdienende Eltern in ihren Haushalten für die Kinderbetreuung sozialversicherungspflichtige Beschäftigungsverhältnisse schufen, wurde dieses vermeintliche Privileg der Besserverdiener wieder rückgängig gemacht.

Dabei war es nicht nur ein wichtiger Schritt auf dem Weg zur Vereinbarkeit von Beruf und Familie, sondern hätte auch das große Beschäftigungsreservoir in den Privathaushalten dieses Landes nutzbar gemacht. Denn wenn gut ausgebildete Eltern einer Vollzeiterwerbsarbeit nachgehen können, dafür Steuern und Sozialabgaben bezahlen und gleichzeitig zu Hause qualifizierte Mitarbeiter engagieren, die ebenfalls Steuern und Sozialabgaben entrichten, dann profitiert unsere Gesellschaft insgesamt. Hier gäbe es ein dankbares Handlungsfeld für die Politik – mit segensreicher Wirkung für den Arbeitsmarkt und den Fiskus.

Für die alltägliche Verlogenheit im Umgang mit dem Finanzamt gibt es viele anschauliche Beispiele. Welches Steuersparpotenzial die langjährige Regelung der Pendlerpauschale barg, wurde mir klar, als ein Fernpendler bei einer Geburtstagsfeier zu vorgerückter Stunde damit prahlte, dass er seinen Jahresurlaub regelmäßig mit der Steuerersparnis seines «Fahrgemeinschafts-Modells» finanziere. Gemeinsam mit drei Kollegen fahre er regelmäßig zum Dienst an den 121 Kilometer entfernten Arbeitsplatz. Da sie eine Fahrgemeinschaft bildeten, habe jeder mit seinem Auto nur ein Viertel der Jahresfahrleistung tatsächlich in Anspruch genommen. Für die Einkommensteuererklärung mache er – wie die Kollegen auch – natürlich die volle Fahrleistung geltend. Damit könne er bei 220 angenommenen Arbeitstagen im Jahr statt tatsächlichen Werbungskosten von 1650 Euro immerhin 6600 Euro geltend machen. Bei seinem Grenzsteuersatz von rund 40 Prozent bringe ihm das knapp 2000 Euro Steuerersparnis, die er gern in seinen Urlaub investiere.

Merkwürdigerweise blieben kritische Anmerkungen in der Geburtstagsrunde zu diesem «Steuersparmodell» aus, obwohl der größere Teil der Zuhörer zwar ebenfalls hohe Grenzsteuersätze bezahlte, aber nicht in den «Genuss» der Pendlerpauschale kam, weil die seinerzeit existierende 20-km-Entfernungsgrenze beim Weg zur Arbeit unterschritten blieb. Auch der nicht profitierende Steuerpflichtige gönnt in diesem Fall dem kleinen Steuersünder seinen Vorteil zu Lasten des Staates, der ja «beschissen werden will».

Heuchlerisch ist auch die Diskussion um Spitzenverdiener und ihre Steuerlast. Während bestbezahlte Spitzensportler ihre Millioneneinkünfte in ausländischen Steueroasen dem Zugriff des deutschen Fiskus entzogen, huldigten ihnen Millionen von Fernsehzuschauern, wenn sie ihre Formel-1-Runden drehten, auf dem grünen Rasen kickten oder den Tennisschläger schwangen. Ohne die Einschaltquoten, für die viele Durchschnittsbürger sorgen, verdienten die Schumachers, Beckenbauers und Beckers dieser Republik keine astronomischen Summen, die sie aber – im Gegensatz zu ihrem Fan-Fußvolk – nicht im Land versteuern. Topmanager hingegen, die in der Regel ganz selbstverständlich den Spitzensteuersatz an den deutschen Fiskus bezahlen, werden kollektiv an den Pranger gestellt.

Wie Moral Hazard etwa im Umgang mit der Krankenversicherung wirkt, will ich mit einigen Alltagsbeispielen unterstreichen. Wer im öffentlichen Dienst arbeitet, kennt die Gründe, warum die öffentliche Verwaltung bei der Anzahl krankheitsbedingter Fehltage meist in der Spitzengruppe aller Branchen liegt – nur das Bauhauptgewerbe weist vergleichbar viele krankheitsbedingte Fehltage auf. Für die ersten drei Tage benötigt man nicht einmal ein Attest, und zudem ist die

Lohnfortzahlung sichergestellt, weil es bei uns – im Gegensatz etwa zum Sozialstaat Schweden – keine Karenztage gibt. Und wie schnell wird heutzutage ein Arzt bemüht, damit dieser einen Abiturienten oder Studenten per Attest krankschreibt. Überschrittene Abgabetermine für Magister- und Diplomarbeiten gibt es fast nicht mehr, weil mit Hilfe ärztlicher Bescheinigungen Fristverlängerungen beinahe schon zum Regelfall werden.

Das Praktische bei diesen alltäglichen Versuchungen: Es kostet nichts, sich krankschreiben oder Gefälligkeitsatteste ausstellen zu lassen. Die anonyme Versichertengemeinschaft bezahlt ja. Wir erhalten nicht einmal Rechnungen, wenn wir in einer gesetzlichen Krankenkasse versichert sind. Wir haben über viele Jahrzehnte buchstäblich verlernt, dass die Inanspruchnahme von medizinischen Leistungen Kosten verursacht, dass wir als Versicherte Teil dieser Gemeinschaft sind und letztlich die Zeche selbst zahlen – über unsere Beiträge.

Ein eigennütziger Umgang mit den Leistungen unseres Gesundheitssystems lässt sich allerdings auch am Beispiel der privaten Krankenversicherung empirisch belegen. Im Gegensatz zum Kassenpatienten erhält der Privatpatient eine Rechnung, wenn er Ärzte, Apotheken oder Krankenhäuser bemühen muss, die er in der Regel zwar vorab bezahlt, sich dann aber von der Kasse erstatten lässt. Wer eine Vollkostenversicherung ohne vereinbarte Selbstbeteiligung abgeschlossen hat, kontrolliert seine Rechnung in aller Regel nicht, sondern reicht sie einfach kommentarlos zur Erstattung ein.

Dabei hätte mancher Patient durchaus Anmerkungen zu machen, ob der bis zu 3,5-fache Satz vom Regelhonorar, den der behandelnde Arzt «wegen besonderer Komplikationen» immer wieder gern erhebt, tatsächlich gerechtfertigt ist. Oder ob die Rechnungsposition «ausführliche Beratung, auch fernmündlich» tatsächlich der Wahrheit entspricht, obwohl man doch nur regelmäßig alle sechs Wochen wegen einer Allergie seine Spritze bekommt. Doch solange die privaten Krankenversicherungen diese Rechnungen, die ich als Patient mit der Einreichung akzeptiert habe, anstandslos bezahlen, verhalte ich mich selbst als Privatpatient wenig kostenbewusst.

Das Kostenbewusstsein kehrt spätestens dann zurück, wenn die Beitragsrückgewähr verlorenzugehen droht. Die erhält ein Privatpatient dann, wenn er ein Jahr lang keine Versicherungsleistungen in Anspruch genommen hat. Dabei geht es im Durchschnitt um zwei Monatsbeiträge mit einem Gegenwert von rund 600 Euro. Da wird ein Privatpatient schnell kreativ, wenn diese Rückzahlung nur deshalb zur Disposition steht, weil kurz vor Jahresende eine notwendige ärztliche Leistung in Anspruch genommen werden muss. Er spricht im Zweifelsfall sogar mit seinem Arzt, ob dieser die Rechnung nicht erst zu Beginn des neuen Jahres ausstellen könne, damit das alte Jahr auf jeden Fall leistungsfrei bleibt.

Und weil der Privatversicherte bei dieser Form in-

dividueller Abrechnungsoptimierung kein Unrechtsbewusstsein hat, packt er im neuen Jahr auf jeden Fall
einen kompletten Gesundheits-Check-up hinein – vom
Zahnarzt über die Vorsorgeuntersuchung bis zur Entfernung einer hässlichen Warze an der Hand, vielleicht
sogar noch eine längere Rehabilitationsmaßnahme.
Denn er ist sich im Klaren: In diesem Jahr ist die Bei-
tragsrückerstattung ohnehin obsolet.

Die Folgen eines solchen Verhaltens lassen sich an
den Leistungsausgaben der privaten Krankenversicherer leicht ablesen. Die Beitragsausgaben pro Mitglied
oszillieren relativ stark – auf Jahre ohne Leistungsauf-
wendungen folgen solche, in denen gewaltige Kosten
entstanden sind. Und weil viele Versicherte diese Tricks
beherrschen, steigen die Leistungsausgaben in den privaten Krankenversicherungen überdurchschnittlich.
So betrug im Zeitraum von 1995 bis 2006 die durchschnittliche Steigerungsrate der Leistungsausgaben bei
den privaten Krankenkassen rund 4,6 Prozent pro Jahr,
während sie sich bei den gesetzlichen Kassen auf lediglich rund 1,9 Prozent belief.[6]

Insgesamt alimentieren die privaten Krankenversicherungen das deutsche Gesundheitssystem mit rund
sechs Milliarden Euro im Jahr. In die gesetzliche Krankenversicherung ist seit vielen Jahren ein harter Kos-
tendeckel eingezogen, der ihre Einnahmen an die nur
langsam steigende Grundlohnsumme bindet. Weil die
Ausgaben im Gesundheitssystem aber stärker wachsen als die Einnahmen, entsteht im gesetzlichen System eine strukturelle Unterdeckung. Deshalb führt die

bessere Alimentierung von medizinischen Leistungen durch die privaten Krankenversicherer ganz automatisch dazu, dass deren Leistungen auch stärker nachgefragt werden. Damit muss der Privatversicherte praktisch die sinkende Ertragskraft des Pflichtversicherten kompensieren. Das Wehwehchen des Privatpatienten ist dem Arzt mehr Aufmerksamkeit wert als die ernsthafte Erkrankung des Pflichtversicherten, denn es liefert ihm einen messbar höheren Betrag für seine Arbeitsleistung. Hier handelt der Arzt also eigennützig. Diese Anreizstrukturen befördern die Zwei-Klassen-Medizin.

Die Quersubventionierung des gesetzlichen Gesundheitssystems durch die private Krankenversicherung hat übrigens noch einen politisch delikaten Nebeneffekt: Weil alle Beamten in Deutschland Privatpatienten sind und der jeweilige Dienstherr Bund, Land oder Kommune im Wege der Beihilfe zwischen 50 und 80 Prozent der jeweiligen Rechnung direkt aus öffentlichen Mitteln bezahlt, fungieren letztlich die Steuerzahler ebenfalls als Quersubventionierer.

Hätte die Politik den Mut zur Wahrhaftigkeit, dann würde eine Gesundheitsreform ganz anders aussehen als das, was wir seit Beginn 2009 mit dem teuren und bürokratischen Gesundheitsfonds erleiden müssen. Wer gute Leistung in der medizinischen Versorgung will, müsste zunächst für Kostentransparenz und Wettbewerb sorgen. Das hieße aber nicht nur, dass künftig alle Patienten Rechnungen über die in Anspruch genommenen Leistungen erhalten – es bedeutete auch eine Selbstbeteiligung des Patienten an jeder Rechnung etwa mit 10 Prozent. Aus sozialen Gründen müsste es natürlich eine jährliche Höchstgrenze für diese Selbstbeteiligung geben. Ich nenne mal einen Betrag: 600 Euro.

Nur wenn ich selbst einen Teil der Finanzierung übernehme, schaue ich genau hin: ob die Rechnungspositionen tatsächlich berechtigt sind; ob die Behandlungsqualität einem fairen Preis-Leistungs-Verhältnis entspricht; ob ich eine Behandlung überhaupt nachfrage, weil mir jetzt auch am eigenen Geldbeutel bewusst wird, wie vorschnell ich in der Vergangenheit manchmal einen Arzt aufgesucht habe, weil es mich persönlich ja vermeintlich nichts gekostet hat. Wenn dann noch die Anbieterkartelle zerschlagen würden – Krankenkassen-Lobby, Kassenärztliche Vereinigungen, aber auch die Macht der Pharmaindustrie –, indem man sie einem echten marktwirtschaftlichen Wettbewerb aussetzte, dann ließe sich ein effizientes Gesundheitssystem schaffen, das unsere älter werdende Gesellschaft so dringend braucht.

Rund vier Milliarden Euro, schätzt der Gesamtverband der Versicherungswirtschaft, gehen in unserem Land jährlich durch Versicherungsbetrug verloren. Auf diesem Feld gibt es unter uns unbescholtenen Bürgern offenbar viele Gelegenheitstäter. Geht dem Hausherrn bei einer Geburtstagsfeier eine hochwertige Weinkaraffe zu Bruch, deren Inhalt sich zu allem Überdruss noch über den hochfeinen Perserteppich ergießt, dann ist gewiss einer der Gäste behilflich – und lässt den

Schaden von seiner Versicherung begleichen. Jeder von uns kennt die missbräuchliche Inanspruchnahme von Versicherungsleistungen in der Privathaftpflicht. Bis zu 40 Prozent der gemeldeten Privathaftpflichtschäden sind manipuliert – bei der gemeldeten Schadenshöhe oder weil eine Fremdschädigung nur vorgetäuscht wird. Bei Hausratversicherungen schätzt man eine Missbrauchsquote von 15 Prozent. In der Kraftfahrzeughaftpflicht gilt jeder zehnte gemeldete Schadensfall als betrügerisch. Erschwert wird die Missbrauchsbekämpfung dadurch, dass am Verfahren beteiligte Dritte ja in der Regel mitverdienen: Ärzte und andere Sachverständige für ihre Gutachten, Reparaturwerkstätten, selbst der Außendienst der Versicherungen ist manchmal aktiv bei der Manipulation behilflich.

Wir alle beklagen uns über die Höhe der zu bezahlenden Prämien, sind aber oft selbst mit dabei, wenn es um die möglichst gerissene Regelung von Schadensfällen geht. Ein Unrechtsbewusstsein fehlt vielen auch hier. Wenn ich schon für eine Versicherung bezahle, dann will ich auch eine Vollkaskoleistung. Aus diesem Grund werden vereinbarte Selbstbehalte häufig durch überhöhte Schadensangaben kompensiert. Oder man umgeht den vertraglich eindeutig geregelten Versicherungsausschluss, weil ein unbeteiligter Dritter mit seiner Versicherung gern einspringt. Man kann sich ja demnächst für die freundliche Unterstützung mit der eigenen Versicherung bedanken – eine Hand wäscht die andere.

Im Alltag erweisen wir uns erstaunlich oft als Opportunisten. Wir sind vor allem auf den eigenen Vorteil bedacht, auch wenn andere dafür zahlen müssen. Wir wollen zwar viel Leistung vom Staat, versuchen aber mit allen Mitteln, den Fiskus als Steuerzahler auszutricksen. Wir mokieren uns über den großen Steuerbetrug und sind doch im Kleinen selbst mit von der Partie. Wir fordern unseren Sozialsystemen oft unnötige Leistungen ab, die wir auf eigene Rechnung niemals nachfragen würden, selbst wenn wir nur einen kleinen Eigenbetrag aufwenden müssten. Wir nehmen uns, was wir bekommen können. Dabei merken wir nicht, dass wir uns dabei nur selbst betrügen.

Pendlerpauschale statt Steuerstrukturreform

In kaum einem anderen Politikbereich werden so viele Nebelkerzen gezündet wie im Steuerrecht. Wir Bürger lassen uns von den Parteien, die uns Entlastung versprechen, immer wieder für dumm verkaufen. Einen spektakulären Fall will ich nochmals in Erinnerung rufen – er steht beispielhaft für den Populismus in der Politik, der manchmal zum Glück ins Leere läuft.

Genützt hat es den Christsozialen in Bayern ja offensichtlich nicht. Die Wiedereinführung der Pendlerpauschale sollte das populäre Thema im Landtagswahlkampf 2008 sein, mit dem Erwin Huber und Günther Beckstein die absolute Mehrheit der CSU verteidigen wollten. Formal zuständig für die Gesetzgebung in dieser Frage ist zwar nicht der Bayerische Landtag, sondern der Deutsche Bundestag. Doch was schert man sich in Wahlkämpfen um Zuständigkeiten, wenn es doch um die Mobilisierung der Wähler geht.

Die Botschaft war schlicht, aber einprägsam: In

Zeiten schier unaufhörlich steigender Energiepreise sollten diejenigen, die weniger als 21 Kilometer zur Arbeit pendeln, wieder in den Genuss des Werbungskostenabzugs kommen. Für Pendler ab dem 21. Entfernungskilometer gilt bekanntlich seit der letzten Reform ein Abzugsbetrag von 30 Cent pro Kilometer. (Kurz vor Weihnachten 2008 kassierte das Bundesverfassungsgericht diese Ungleichbehandlung. Damit gilt die alte Pendlerpauschale bis zu einer eventuellen gesetzlichen Neuregelung weiter. Rund 7,5 Milliarden Euro sollen den pendelnden Steuerpflichtigen jetzt an Erstattung für die beiden vergangenen Jahre zustehen, eine Summe, die findige Politiker sofort in ein kleines Konjunkturprogramm umdeuteten. Es waren – bis hin zur Kanzlerin – meist dieselben Politiker, die für das verfassungswidrige Gesetz gestimmt hatten.)

Doch unabhängig von der aktuellen Entscheidung des Bundesverfassungsgerichts, die übrigens keineswegs als juristische Bestandsgarantie für die Pendlerpauschale zu verstehen ist, wenn man die Entscheidung genauer analysiert, lässt sich an ihrem Beispiel sehr anschaulich darstellen, welche Placebos Politiker uns Bürgern verpassen wollen, wenn es um das Steuerrecht geht. Das CSU-Versprechen war eine Farce. Am Beispiel eines Alleinstehenden, der an 220 Arbeitstagen im Jahr jeweils 20 Kilometer einfache Entfernung zum Arbeitsplatz zurückzulegen hat, wird das deutlich. Verdient dieser Arbeitnehmer als Facharbeiter rund 4000 Euro brutto im Monat, dann würde er nach der politischen Großtat der Wiedereinführung der

Pendlerpauschale gerade mal 13 Euro pro Monat weniger Lohnsteuer bezahlen. Selbst den Fall unterstellt, dieser Arbeitnehmer könnte so viele Werbungskosten – Berufskleidung und Fachliteratur etwa – nachweisen, dass die Pendlerpauschale in voller Höhe zum Arbeitnehmerpauschbetrag zugeschlagen würde, dann läge die monatliche Entlastung bei maximal 44 Euro. Auch für alle anderen Steuerklassen – Verheiratete mit oder ohne Kinder – gilt in der Tendenz das Gleiche. Und der Entlastungseffekt wird mit abnehmender Kilometerzahl und vor allem mit sinkendem Arbeitseinkommen noch deutlich geringer als im Beispielfall.

Die Pendlerpauschale in der politischen Debatte so zu überhöhen, wie es die CSU getan hat, ist an Dreistigkeit schwer zu überbieten. Hinzu kommt, dass die Begründung für die angebliche Wohltat bei näherer Betrachtung ebenso wenig von verantwortlicher Politik zeugt. Es wäre nämlich fatal, hohe Energiepreise, die vor allem das Ergebnis einer globalen Nachfragesteigerung nach endlichen Rohstoffen sind, durch das Lockern der Steuerschraube ausgleichen zu wollen. Der Zuschussbedarf aus den öffentlichen Haushalten könnte ins Unermessliche wachsen, wie in Asien anschaulich zu beobachten war. Dort subventionieren Länder wie China oder Malaysia mit Steuermitteln den Treibstoff für ihre Bevölkerung – mit fatalen Folgen. Die durch die Motorisierung explodierende inländische Nachfrage und der steigende Weltmarktpreis für den Rohstoff kosteten den Staat immer größere Summen – denn gegen Marktpreisentwicklungen mit Steuerentlastungen anzugehen bedeutet, ein Fass ohne Boden füllen zu wollen. Deshalb reduzierten diese beiden Länder im vergangenen Frühsommer die Subventionen für ihre Autofahrer massiv. Dass die Rohölpreise seit ihrem Hoch Mitte 2008 wieder deutlich gefallen sind, hängt vor allem mit der aktuellen globalen Rezession zusammen – die langfristige Tendenz zu steigenden Preisen der fossilen Energieträger wird dadurch nicht gebrochen.

Wenn wir uns über Ungerechtigkeiten im deutschen Steuersystem aufregen, dann sollten wir statt um die Wiedereinführung von Ausnahmetatbeständen lieber über das leistungsfeindliche Einkommensteuerrecht streiten. Indem die Politik durch die kalte Progression im Steuerrecht die Leistungsbereitschaft von immer mehr Menschen auf die Probe stellt, zugleich aber beständig das Hohelied von der notwendigen Entlastung der Steuerpflichtigen anstimmt, handelt sie zumindest schizophren.

Hinzu kommt, dass über das Lohneinkommen in Deutschland ganz wesentlich der Sozialstaat finanziert wird: Arbeitslosen-, Kranken-, Pflege- und Rentenversicherung. Wenn der in diesem Kapitel erwähnte Facharbeiter mit 4000 Euro Bruttomonatslohn gerade noch 2268 Euro netto oder 56,7 Prozent ausbezahlt bekommt, dann wird Arbeitsleistung systematisch bestraft. Machen wir uns zudem bewusst, dass die Gesamtkosten für diesen Arbeitnehmer monatlich bei 4812 Euro liegen (ohne Berücksichtigung von Urlaub, Krankheit und anderen Lohnnebenkosten), weil der Arbeitgeber auch noch 812 Euro Sozialabgaben für diesen Mitarbeiter abführt, dann verschlechtert sich die Ertragsquote aus den zu bezahlenden gesamten Bruttoarbeitskosten auf knapp über 47 Prozent.

Nicht die zu hohen Nettolöhne sind das Kostenproblem unserer Volkswirtschaft, sondern die allzu hohen Bruttoarbeitskosten, über die praktisch sämtliche Wohlfahrtsversprechungen der letzten Jahrzehnte finanziert werden müssen. Wir Bürger waren mehr als empfänglich dafür: Je mehr uns die Parteien versprachen, desto eher wurden sie von uns gewählt. Dabei gab es früh schon warnende Stimmen. Die treffendste Mahnung formulierte Ludwig Erhard in den fünfziger Jahren: «Solche ‹Wohltat› muss das Volk immer teuer bezahlen, weil kein Staat seinen Bürgern mehr geben kann, als er ihnen vorher abgenommen hat.» Wie sehr er recht hatte, zeigt sich heute vor allem an den laufend steigenden Abgaben und Steuern. Unser Steuerrecht stammt aus dem Jahr 1957. Es wurde zwar seither immer wieder modifiziert, doch im Grundsatz gilt der progressive Einkommensteuertarif mit seiner Besteuerung nach der individuellen Leistungsfähigkeit auch heute noch: Wer mehr verdient, bezahlt mit steigendem Einkommen auch einen größeren Anteil an den Staat.

Wenn wir uns die individuelle Leistungsfähigkeit aus der Sicht des Steuerpflichtigen des Jahres 1957 im Vergleich zum Steuerpflichtigen des Jahres 2008 anschauen, dann fällt sofort der massiv gewachsene Zugriff des Fiskus auf: Während vor gut fünfzig Jahren das Jahreseinkommen des durchschnittlichen Arbeitnehmers bei rund 3000 DM lag, war damals der Spitzensteuersatz von 53 Prozent erst ab 60 000 DM Jahresverdienst fällig – also beim Zwanzigfachen des Durchschnittseinkommens. Heute liegt das durchschnittliche Jahreseinkommen eines vollbeschäftigten Arbeitnehmers bei rund 35 000 Euro. Doch der Spitzensteuersatz ist bereits von Steuerpflichtigen zu bezahlen, die rund das Anderthalbfache verdienen. Im Jahr 2008 langte der Fiskus bereits ab einem steuerpflichtigen Jahreseinkommen von 52 152 Euro mit 42 Prozent plus Solidaritätszuschlag (und evtl. Kirchensteuer) zu.

Während vor fünfzig Jahren praktisch alle Arbeitnehmereinkommen deutlich unter der Zone lagen, in der der höchste Einkommensteuersatz gilt, verdienen heute Hunderttausende von Facharbeitern und Akademikern Jahreseinkommen, mit denen sie – vor allem als Alleinstehende – ebenjenem Höchstsatz unterliegen. Und für Millionen von Steuerpflichtigen hat sich der Tarifverlauf mit seiner Progressionswirkung massiv verschärft. Heute haben wir einen steilen Anstieg der Belastungskurve, denn immer mehr Menschen werden von der kalten Progression erwischt: Da der Staat die obere Proportionalzone nicht der Inflation angepasst, sondern sie bei den letzten Einkommensteuerreformen sogar nominal abgesenkt hat, wachsen immer mehr Arbeitnehmer und Selbständige in immer höhere Grenzsteuersätze hinein.

Andererseits lässt sich mit der Entwicklung der

Einkommensteuerprogression gut belegen, worauf Ludwig Erhard mit seiner von mir zitierten Mahnung in den fünfziger Jahren abzielte. Unser Staat ist in den vergangenen Jahrzehnten viel großzügiger geworden, was seine sozialen Leistungen für uns Bürger betrifft. Ausbildungsförderung, Familiengeld, Kindergeld, Kindererziehungszeiten in der Rentenversicherung, Wohngeld und unzählige weitere Sozialgesetze, die damals nicht vorstellbar waren, kosten gewaltige Summen. Wir als Steuerzahler müssen dafür aufkommen. Insofern ist die Kehrseite des Wohlfahrtsstaates die Belastbarkeit der leistungsbereiten Arbeitnehmer und Unternehmer. Führt der Sozialstaat am Ende zu einer ungerechten Belastung der Leistungsträger, dann untergräbt er selbst auf Dauer die eigene Finanzierungsbasis.

Wir brauchen ein einfaches und transparentes Steuerrecht, dessen oberstes Ziel darin besteht, den Bürgern mehr vom Ertrag ihrer Arbeit zu belassen. Vor allem der Grenzsteuersatz für Arbeits- und Gewinneinkünfte im Einkommensteuerrecht muss gesenkt werden. Für die Leistungsbereitschaft jedes Einzelnen ist entscheidend, was vom jeweils letztverdienten Euro tatsächlich nach Steuern und Sozialabgaben bleibt. Und da sind weniger als 40 Cent für den gutverdienenden Facharbeiter oder selbständigen Handwerker einfach zu wenig.

Hier würde der Vorschlag des «Professors aus Heidelberg» helfen. Jener von Gerhard Schröder im letzten Bundestagswahlkampf so geschmähte Paul Kirchhof hat ein Einkommensteuerkonzept entwickelt, das mir bereits 2002 einleuchtete, als er es mit seinen damaligen Mitautoren im Finanzausschuss des Deutschen Bundestages vorstellte. Kirchhofs «Flat Tax»-Modell zielt darauf ab, alle Ausnahmetatbestände ersatzlos zu streichen – die Pendlerpauschale in Gänze, ebenso wie steuerfreie Schicht- und Nachtarbeitszuschläge und Dutzende weiterer steuerrechtlicher Privilegien. Dafür gibt es einen deutlich höheren Grundfreibetrag als heute und darüber – vereinfacht gesagt – einen einheitlichen Steuersatz von 25 Prozent auf alle Einkunftsarten.

Paul Kirchhof und sein Steuerkonzept werden wieder hochinteressant, weil die Steuerlast der Mittelschicht unserer Gesellschaft zum politischen Großthema reift. Gerade in der aktuellen Rezession wäre die Umsetzung von Kirchhofs Konzept eine kluge Antwort des Staates, um die volkswirtschaftliche Nachfrage durch die strukturelle Entlastung der Mittelschicht zu erhöhen.

Paul Kirchhof wurde vor vier Jahren im Wahlkampf zu Unrecht als unsozial stigmatisiert. Gerade Familien mit Kindern wären in seinem Modell die Gewinner, weil die geplanten hohen Grundfreibeträge für alle Familienmitglieder gelten. Und selbstverständlich würden höhere Einkommen prozentual stärker belastet als kleine Einkommen. Denn die Kombination aus Grundfreibetrag und Einkommenshöhe mündet auch bei der Flat Tax in eine Besteuerung nach der individuellen Leistungsfähigkeit. Um es deutlich zu machen: Bei einem Einkommen von 20 000 Euro im Jahr (und einem steuerfreien Grundfreibetrag von 10 000 Euro) werden bei 25 Prozent Steuersatz genau 2500 Euro fällig. Verdiene ich doppelt so viel, also 40 000 Euro im Jahr, dann bleiben wieder 10 000 Euro Grundfreibetrag steuerfrei. Auf die verbleibenden steuerpflichtigen 30 000 Euro werden bei 25 Prozent Steuersatz dann 7500 Euro Steuern fällig. Im ersten Fall bezahle ich also 12,5 Prozent an Steuern auf mein komplettes Einkommen, im zweiten beträgt der Steueranteil vom gesamten Einkommen 18,75 Prozent.

Auftrieb wird Paul Kirchhofs Steuerkonzept aber auch aus einem verfassungsrechtlichen Grund bekommen. Seit Januar 2009 gilt für Kapitaleinkünfte in Deutschland eine Abgeltungsteuer von 25 Prozent. Warum aber sollen Gewinn- und Arbeitseinkünfte künftig höher besteuert werden als Kapitaleinkünfte? Wenn für den Faktor Kapital eine Flat Tax gilt, dann sollte sie erst recht für den Faktor Arbeit gelten. Das würde der Einsatzfreude der Deutschen einen Schub geben, der sich ökonomisch rechnet. Es wäre aber auch ein wirksames Mittel gegen den grassierenden Politikverdruss der gesellschaftlichen Mitte.

Von Schnäppchenjägern und Mindestlöhnen

«Geiz ist geil!» hieß das Motto der schrillsten Billigheimer-Werbung, die Deutschland je erlebte. Es wurde zum Schlachtruf eines Konsumverhaltens, das sich ausschließlich um den Preis dreht: Hauptsache, billig! Der Spartrieb bewegt uns Konsumenten beim täglichen Lebensmittelkauf wie in der Gastronomie – die Fast-Food-Ketten in den Innenstädten zeugen von dieser Entwicklung, ebenso der gewaltig gestiegene Anteil von tiefgefrorener Massenware für die heimische Mikrowelle.

Dabei sind wir Konsumenten nicht selten Heuchler – das wurde besonders deutlich, als im Sommer 2007 der Milchpreis Furore machte. Unsere lautstarke Sympathie galt den Milchbauern, die mit einem Lieferboykott die Lebensmittel-Discounter und die Molkereien zu höheren Preisen bewegen wollten. Es war ja auch schön bequem, den «David» Landwirt gegen den «Goliath» Lebensmitteldiscounter nach Kräften zu unterstützen und in Meinungsumfragen zu beteuern, künftig zehn Cent mehr für den Liter Milch bezahlen zu wollen, wenn das Geld nur wirklich beim Erzeuger ankomme. Längst sind alle guten Vorsätze an der tristen Realität des preissensiblen Kunden gescheitert. Je teurer die Milch, desto eher bleibt sie im Kühlregal stehen.

Auch was wir Deutschen auf dem Leib tragen, wird längst zu fast hundert Prozent in Billiglohnländern gefertigt. Für die Unterhaltungselektronik gilt das Gleiche. Und ohne die Zulieferung von Billigteilen aus aller Welt würden selbst die in Deutschland zusammengebauten teuren «inländischen» Autos für die heimischen Kunden und erst recht auf den Weltmärkten unverkäuflich. Wir testen im Facheinzelhandel die Haptik von Geräten oder die Passform angesagter Kleidung oder Schuhe, um sie dann über das Internet zum möglichst günstigen Preis direkt zu bestellen. Sind wir uns darüber im Klaren, dass es einen Zusammenhang zwischen unserem Konsumverhalten und dem Sterben des Facheinzelhandels in den Innenstadtlagen gibt?

Ein Blick etwa in französische Städte macht deutlich, was höhere Ausgaben der Konsumenten für frische Lebensmittel mit der attraktiven Präsenz vieler Fachgeschäfte zu tun haben. Zur französischen Lebensart gehört das gemeinsame Kochen in der Familie und mit Freunden und vor allem das kultivierte Essen. Deshalb kaufen die Franzosen gern frische Qualitätslebensmittel – und zwar nicht beim Discounter. Obwohl auch in Frankreich Fast Food auf dem Vormarsch ist, wenden unsere Nachbarn einen deutlich höheren Anteil ihres Einkommens für Essen und Trinken auf als wir Deutschen. Bei uns regieren Fast Food und Tiefkühlkost, die Franzosen kennen immer noch Metzger und Bäcker und viele Spezialgeschäfte fürs leibliche Wohl. In unseren Imbissketten dominieren die 400-Euro-Jobber, im französischen Fachgeschäft ernährt die Arbeit neben den angestellten Mitarbeitern den Inhaber samt seiner Familie. Natürlich ist das Budget der Durchschnittsbürger nicht beliebig belastbar, viele Menschen müssen jeden Cent umdrehen. Das gilt in Frankreich wie bei uns. Die Franzosen können nur deshalb mehr für kulinarische Genüsse ausgeben, weil sie deutlich weniger für ihre Autos und ihren Auslandsurlaub aufwenden. Wir Deutschen sind dagegen Reiseweltmeister und lassen unser Geld gern im Ausland. Mehr Geld fördert eben nicht zwangsläufig die Binnenkonjunktur, auch wenn Gewerkschaften mit diesem Argument hohe Lohnforderungen begründen.

Angesichts der deutschen Schnäppchenmentalität erscheint die bei uns verbreitete Sympathie für einen gesetzlichen Mindestlohn erstaunlich. 71 Prozent aller Befragten sprechen sich dafür aus, im Osten Deutschlands liegt die Zustimmung sogar bei 84 Prozent. Sie ist unabhängig von Parteipräferenzen – bei Linkspartei- und Grünen-Anhängern fällt sie mit über 90 Prozent am höchsten aus, aber selbst 55 Prozent der FDP-Anhänger votieren für einen gesetzlichen Mindestlohn.[7] Auch andere Umfragen in den vergangenen zwei Jahren dokumentierten ähnlich stabile Mehrheiten. Im Herbst 2008 drückte sich die Sympathie auch in einem vom bayerischen DGB betriebenen Volksbegehren «Mindestlohn jetzt!» aus, für das die Initiatoren in kürzester Zeit mehr als 200 000 Unterschriften sammelten. Das bayerische Innenministerium verwarf das Begehren, weil Bayern in diesem Fall keine Gesetzgebungskompetenz habe.

Die entscheidende Frage in der Debatte um den Mindestlohn aber ist, welche potenziellen Folgen er für den Arbeitsmarkt hat. Denn es gibt zwischen dem Konsumverhalten der Verbraucher in der größten Volkswirtschaft Europas und der Forderung nach einem anständigen Lohn für anständige Arbeit einen direkten Zusammenhang: Wenn für uns nur der billigste Preis darüber entscheidet, ob wir ein Produkt oder eine Dienstleistung kaufen, scheint uns der faire Preis für die Arbeitsleistung, die darin steckt, offenbar nicht zu kümmern. «Was nichts kostet, ist nichts wert!» lautete eine Standardfloskel meines Großvaters, der Industriearbeiter in einer Eisengießerei war.

Wir konterkarieren unsere Billigheimer-Mentalität als Konsumenten eigentlich ständig dadurch, dass wir für unsere eigene Arbeitsleistung selbstverständlich den bestmöglichen Preis erwarten. Doch wenn wir nicht bereit sind, für die Arbeit der anderen einen fairen Preis zu entrichten, können wir selbst – zumindest auf Dauer – auch keinen fairen Lohn erwarten.

Wir profitieren als Konsumenten von den günstigeren Lohnniveaus in anderen Teilen der Welt, weil wir massenhaft auf Importwaren aus Billiglohnländern zugreifen. Doch der Welthandel ist keine Einbahnstraße. Wenn wir als Produzenten für unsere Arbeitsleistung hohe Löhne beanspruchen, dann müssen wir auch Abnehmer finden, die den entsprechenden Preis dafür zahlen wollen. Das Münchener ifo-Institut hat im Sommer 2008 analysiert, wie die Einhaltung eines Mindestlohns von 7,50 Euro pro Stunde die Verkaufspreise verändern würde. Zum Großteil werden Elektrogeräte heute aus Kostengründen im Ausland gefertigt. Wollte man die Geräte bei einem Mindestlohn von 7,50 Euro vollständig in Deutschland herstellen, würden sich im Falle von Waschmaschinen und Staubsaugern die Verkaufspreise um rund 25 Prozent und bei Fernsehgeräten um etwa 15 Prozent erhöhen. Dienstleistungen wie der Friseurbesuch würden sogar um bis zu 40 Prozent teurer. In einer flankierenden Meinungsumfrage ermittelte TNS Emnid, dass mehr als die Hälfte der Deutschen nicht bereit wären, solche Preissteigerungen zu bezahlen. Das Fazit von Gernot Nerb, zuständiger Projektleiter beim ifo-Institut: «Ein Mindestlohn von 7,50 Euro erhöht die Schwarzarbeit bei Dienstleistungen, schwächt deutsche Hersteller und begünstigt ausländische Produkte.»[8]

Ein gesetzlicher Mindestlohn würde in jedem Fall die Arbeitskosten verteuern. In Deutschland arbeiteten im Jahr 2006 rund 5,5 Millionen Menschen für weniger als 7,50 Euro Brutto-Stundenlohn – das entspricht einem Anteil von über 15 Prozent aller Arbeitnehmer, die eine Hauptbeschäftigung ausüben. Beachtlich ist auch die Zahl der Beschäftigten, die weniger als 5 Euro brutto in der Stunde verdienen: 1,9 Millionen. Dabei ist eine eindeutige Ost-West-Spaltung zu beobachten: In Westdeutschland sind nur 12,7 Prozent der Beschäftigten betroffen, in Ostdeutschland fast exakt 30 Prozent. Im Friseurhandwerk in Sachsen oder bei den Wachleuten in Thüringen liegen beispielsweise die zwischen Gewerkschaften und Arbeitgebern vereinbarten Stundenlöhne unter 5 Euro.

Der Deutsche Gewerkschaftsbund und die SPD-Linke haben sich inzwischen für einen gesetzlichen Mindestlohn von 7,50 Euro ausgesprochen. Oskar Lafontaines Linkspartei plädiert gar für 8,44 Euro Stundenlohn. Angenommen, solche flächendeckenden Lohnerhöhungen würden für die 5,5 Millionen Menschen durchgesetzt, die heute zum Teil ganz erheblich weniger verdienen, dann würden viele dieser Geringverdiener den Arbeitsplatz mit Sicherheit verlieren – es ist kaum anzunehmen, dass der Friseurkunde in Sachsen einen deutlichen Aufschlag für den Haarschnitt zu zahlen bereit wäre. Nach Berechnungen des Deutschen Instituts für Wirtschaftsforschung (DIW) würde ein gesetzlicher Mindestlohn von 7,50 Euro den Verlust von rund 200 000 Arbeitsplätzen bewirken. Mit weit höheren Verlusten kalkuliert das ifo-Institut für Wirtschaftsforschung: Schon bei einem Mindestlohn von 4,50 Euro würden 360 000 Arbeitsplätze verlorengehen, bei 7,50 Euro sogar bis zu 1,1 Millionen.[9]

Die internationalen Erfahrungen mit Mindestlöhnen bestätigen einen klaren Zusammenhang zwischen der relativen Höhe der Mindestlöhne und ihren Folgen für den Arbeitsmarkt. Liegt der Mindestlohn – gemessen am Lohnniveau eines Landes – vergleichsweise niedrig, dann betrifft er auch nur einen kleinen Teil der Arbeitnehmer, negative Beschäftigungswirkungen treten dann nicht ein. In England beträgt der gesetzliche Mindestlohn aktuell 6,91 Euro, findet aber nur Anwendung auf knapp 2 Prozent aller in Vollzeit Beschäftigten. In den USA sind vom Mindestlohn von 4,70 Euro nur 1,1 Prozent aller Vollzeitbeschäftigten betroffen. Frankreich hat dagegen mit 8,71 Euro einen relativ hohen Mindestlohn, der für 15 Prozent dieser Beschäftigungsverhältnisse gilt. Empirisch belegt sind die negativen Folgen für den Arbeitsmarkt, nämlich eine signifikant hohe Arbeitslosenquote bei Frauen und Jugendlichen. Jede Erhöhung des Mindestlohns, die in Frankreich vor allem vor Wahlen gang und gäbe ist, um Wähler zu ködern, führt unweigerlich zu einem Anstieg der Arbeitslosenquote bei diesen beiden Gruppen.

Von den Gewerkschaften und der politischen Linken wird als Argument für die Einführung des Mindestlohns die hohe Zahl sogenannter Aufstocker vorgebracht, die trotz eigener Erwerbsarbeit so wenig verdienen, dass sie Anspruch auf ergänzende Leistungen aus der Grundsicherung für Arbeitsuchende, dem steuerfinanzierten Arbeitslosengeld II, haben. Im Juli 2008 waren rund 1,35 Millionen Arbeitnehmer auf ergänzende Hartz-IV-Bezüge angewiesen, für den DGB-Arbeitsmarktexperten Wilhelm Adamy Anlass, die Zunahme von prekärer, nicht existenzsichernder Arbeit zu beklagen. Für die Betroffenen sei es «demoralisierend, wenn sie voll arbeiten, mit ihren Beiträgen zur Finanzierung des Sozialstaats beitragen und trotzdem auf staatliche Leistungen angewiesen sind».[10] In der politischen Debatte wird so der Eindruck erweckt, als betrieben Unternehmen systematisch Lohndumping und missbrauchten den Staat als Ausfallbürgen für anständige Löhne.

Doch wer präzise hinschaut, wird feststellen, dass hier Irrtümer gepflegt werden, um Stimmung für den Mindestlohn zu machen. Tatsache ist, dass diese vergleichsweise hohe Zahl von «Aufstockern» ganz überwiegend nicht vollzeitbeschäftigt ist: Drei Viertel dieser Menschen üben eine Teilzeitbeschäftigung aus. Fast ein Drittel aller «Aufstocker» hat nach Angaben der Bundesagentur für Arbeit ein Erwerbseinkommen von weniger als 200 Euro im Monat, bleibt also sogar noch deutlich unter der Geringverdienergrenze – die Fehlanreize bei der Anrechnung von eigenem Erwerbseinkommen auf das Arbeitslosengeld II machen es attraktiv, ALG II mit dem Hinzuverdienst eines Taschengelds zu kombinieren. Von 200 Euro bleiben dem Aufstocker 120 Euro, von 600 Euro hingegen nur 200 Euro.

Sehen wir uns jetzt die «Aufstocker» genauer an, deren Monatseinkommen über der Grenze von 800 Euro liegt, weil sie regulärer sozialversicherungspflichtiger Erwerbsarbeit nachgehen – ihre Zahl ist bis Jahresmitte 2008 auf rund 385 000 Personen angestiegen. Allerdings arbeitet aus dieser Gruppe wieder nur ein vergleichsweise kleiner Teil in Vollzeit – etwa ein Fünftel. Nur bei diesem Fünftel könnte aus der Inanspruchnahme von ergänzenden ALG-II-Leistungen darauf geschlossen werden, dass sie Hungerlöhne erhalten. Doch mehr als 70 Prozent dieser Personen beziehen nicht wegen niedriger Stundenlöhne zusätzlich Sozialtransfers, sondern wegen des familiär bedingten höheren Grundbedarfs. Bei einem Alleinverdiener mit Kindern reichen selbst Stundenlöhne deutlich oberhalb der oft geforderten 7,50 Euro nicht aus, um aus dem Kreis der «Aufstocker» ausscheiden zu können. Ein verheirateter Alleinverdiener mit zwei Kindern über 14 Jahren und durchschnittlichen Unterkunftskosten muss (bei einer 40-Stunden-Woche) mindestens 13 Euro brutto pro Stunde verdienen, um den Anspruch auf ergänzendes Arbeitslosengeld II zu verlieren.

Die Zahl der Alleinstehenden, die in Vollzeit arbeiten und ergänzende ALG-II-Leistungen erhalten, ist dagegen sehr gering. Nach Schätzungen des Arbeitsmarktexperten des Deutschen Instituts für Wirtschaftsforschung (DIW), Karl Brenke, handelt es sich um höchstens 15 000 Personen.[11] Diese äußerst kleine Gruppe muss als Begründung dafür herhalten, dass man in diesem Land nicht mehr von seiner Arbeit leben kann. Bezogen auf alle 22 Millionen Vollzeitbeschäftigten sind das gerade einmal 0,07 Prozent. Fürwahr ein schlechtes Argument für die Behauptung, dass Arbeitgeber «Aufstocker» in Armut halten. Bemerkenswert ist auch eine andere Analyse des DIW, der zufolge im Jahr 2005 mehr als 55 000 Bauarbeiter «Aufstocker» waren, obwohl in dieser Branche bereits seit 1996 ein großzügiger Branchenmindestlohn gilt. Vollzeitbeschäftigte «Aufstocker» erhalten laut dieser Studie im Durchschnitt einen Stundenlohn von 10,40 Euro.[12]

Die Zahl der «Aufstocker» wird objektiv nicht deshalb größer, weil immer weniger Lohn gezahlt wird – Hauptgrund ist vielmehr die Ausweitung der Hinzuverdienstgrenzen und vor allem die besondere Familienförderung im Rahmen der Grundsicherung. Außerdem gibt es für Geringverdiener einen Anreiz, ALG-II-Leistungen zu beantragen, weil hier die Übernahme der Kosten für Unterkunft und Heizung großzügiger ausfällt als beim Wohngeld. Kaltmiete und Heizkosten werden im ALG-II-Bezug komplett übernommen, beim Wohngeld dagegen nur anteilig.

Die Hartz-IV-Gesetze definieren über die Regelleistungen der Grundsicherung für Arbeitssuchende nichts anderes als einen Erwartungslohn für die Bezieher von staatlichen Transferleistungen. Dieser Erwartungslohn wird von den Ökonomen auch impliziter Mindestlohn genannt. Für einen arbeitslosen Alleinstehenden ist eine Vollzeitstelle unattraktiv, wenn der dort erzielte monatliche Bruttolohn nicht höher als 1200 Euro liegt. Umgerechnet auf einen Stundenlohn entspricht das knapp 7,50 Euro. Für einen Alleinverdiener mit zwei Kindern ist eine Vollzeitstelle sogar erst dann attraktiv, wenn sie mehr als 2050 Euro Bruttoeinkommen im Monat abwirft, was einem Stundenlohn von fast 13 Euro entspricht.

Diese Zahlen sprechen manchen hehren Grundsätzen Hohn, die sich deutsche Parteien auf ihre Fahnen geschrieben haben. Im neuen CDU-Grundsatzprogramm, das im Dezember 2007 in Hannover verabschiedet wurde, heißt es: «Es entspricht dem Grundsatz der Leistungsgerechtigkeit, dass man, wenn man arbeitet, mehr hat, als wenn man nicht arbeitet.» Paul Krugman, der amerikanische Wirtschaftsnobelpreisträger, ist mit seinem Spott schon näher an der Realität: «Das moderne deutsche Wirtschaftswunder ist die Tatsache, dass angesichts des Niveaus von Löhnen, Sozialleistungen und Regulierungen überhaupt noch Jobs übriggeblieben sind.»

Als Verbraucher wollen wir alles so günstig wie möglich kaufen. Als Arbeitnehmer pochen wir auf ordentliche Bezahlung. Weil wir sozial denken, plädieren wir für die Einführung von gesetzlichen Mindestlöhnen. Dass wir anständige implizite Mindestlöhne in Gestalt von Hartz IV und ALG II aber bereits haben, übersehen wir geflissentlich. Die Ausgestaltung der Grundsicherung für Arbeitssuchende trägt also dazu bei, dass sich Vollzeitarbeit für Geringqualifizierte in Deutschland kaum noch lohnt. Dies ist ein teurer Fehler im System.

Konsequent wären wir dann, wenn wir für hohe Löhne auch als Konsumenten einen guten Preis entrichteten. Und als Steuer- und Beitragszahler, die gern in einem ordentlichen Sozialstaat leben, müssten wir für die notwendigen Sozialleistungen klaglos bezahlen. Doch beides passt uns nicht.

Es gibt nur ein Rezept für die saturierte deutsche

Volkswirtschaft: Wenn wir langfristig auf den Weltmärkten wettbewerbsfähig sein wollen, dann müssen wir besser sein als unsere Konkurrenten. Ohne sehr gut ausgebildete und einsatzbereite Menschen, die bereit sind, selbständig zu arbeiten, auch mal mehr als 40 Wochenstunden, und die nicht ihren Lebenszweck darin sehen, sich mit 60 Lebensjahren gut versorgt in den Ruhestand zu verabschieden, werden wir diesen Wettbewerb nicht bestehen.

Verlieren werden wir ihn, wenn wir die Illusion hegen, dass hohe gesetzliche Mindestlöhne den Wohlstand im Land mehren könnten. Das Gegenteil wäre der Fall. Wenn wir die Arbeitskosten ausgerechnet für die Geringqualifizierten per Gesetz deutlich anheben, dann werden diese Menschen im ersten Arbeitsmarkt erst recht keine Beschäftigungschancen mehr erhalten. Wer aber keinen Job mehr hat, der muss als Hartz-IV-Empfänger von der Gesellschaft alimentiert werden. Das wiederum treibt die Kosten für die verbleibenden Arbeitskräfte weiter in die Höhe: Sozialabgaben und Steuern steigen, und die Nettolöhne sinken – ein Teufelskreis.

Finanzmarktkrise: Die Folgen der Gier werden sozialisiert

Während der Arbeit an diesem Buch kulminierte die Finanzmarktkrise in einer globalen Vertrauenskrise, die sich inzwischen zu einer handfesten Rezession in allen wichtigen Wirtschaftsräumen entwickelt hat. Tatsächlich war die Weltwirtschaft bereits auf dem Weg in einen zyklischen Abschwung, der von den Exzessen am Finanzmarkt nur deutlich beschleunigt wurde.

Auch die jetzige Finanzmarktkrise folgt einem altbekannten Muster: Die Exzesse resultieren aus der maßlosen Gier vieler Akteure auf den Märkten für Vermögenswerte, seien es Immobilien, Rohstoffe oder Aktien. Systematisch werden Risiken ausgeblendet, und immer mehr Anleger geraten in die Spekulationsfalle, die irgendwann zuschnappt: So kam es schon zum Börsenkollaps 1929, zur japanischen Immobilienpreisblase zu Beginn der neunziger Jahre, zur Asienkrise 1997/1998 oder zur Internetblase im Jahr 2000.

Neu war das Vehikel, mit dem die Gier auf den amerikanischen Immobilienmärkten in alle Welt exportiert wurde: durch den Weiterverkauf hochspekulativer Kredite an rein renditeorientierte Finanzinvestoren. Vertraut sind dagegen die Reaktionen der Notenbanken, ob in Japan, Amerika oder Europa: Die Geldmärkte werden in der Krise mit riesigen Papiergeldsummen förmlich geflutet, um den großen Brand zu löschen. Vertraut ist auch die Reaktion der Politik: Die Steuerzahler dürfen haften.

Selten zuvor sind Illusionen über die Wirkungsmechanismen im Kapitalismus so brutal geplatzt wie heute. Doch beim Umgang mit dieser Krise paaren sich erneut Unvernunft und Leichtgläubigkeit zu einer gefährlichen Mixtur, die im nächsten kollektiven Selbstbetrug münden wird.

Über viele Jahre hinweg sahen sich Regierungen ohnmächtig den Marktkräften ausgesetzt. Jetzt wollen sie endlich wieder Handlungs- und Gestaltungsfähigkeit dadurch demonstrieren, dass sie Billionensummen mobilisieren, die im Extremfall auf die Bücher der öffentlichen Haushalte durchschlagen. Allein durch die Schutzschirme, die über Banken und Versicherungen aufgespannt sind, wird die Verschuldung vieler Staaten auf der ganzen Welt in den kommenden Monaten förmlich explodieren.

Weil Staatsinterventionen gerade ohnehin Konjunktur haben und die Rezession ja auch aktiv bekämpft werden soll, rollt schon die nächste Finanzierungswelle auf die öffentlichen Haushalte zu. Nicht nur Banken und Versicherungen suchen den Schutz des Staates, auch Automobilfirmen, Flugzeughersteller, Fluggesellschaften oder die Landwirtschaft verlangen Garantien. Wie viel Prozent des künftigen globalen Wirtschaftswachstums sind allein nötig, die Zinsen und Zinseszinsen für diese massive Verschuldung aufzubringen? Diese Rechnung wird den Steuerzahlern präsentiert werden, aber – über die Preise – auch den Konsumenten.

Und da die wenigsten Steuerzahler und Konsumenten aktiv beim skrupellosen Casino-Kapitalismus mitspielten oder gar von ihm profitierten, lässt sich aus deren Sicht festhalten: Die Folgen der Gier werden sozialisiert, während eine Reihe von Profiteuren ungeschoren davonkommt. Dubiose Geschäftspraktiken in einer für die Volkswirtschaft so wichtigen Branche wie dem Finanzsektor verführen Politik und Wirtschaft zu ähnlich leichtfertigen Problemlösungen.

Doch was steckt eigentlich hinter der Krise? Warum stützen Regierungen rund um den Globus das kollabierende Finanzmarktsystem mit Billionen von Dollar oder Euro an Steuergeld – vorwiegend für Ausfallbürgschaften, aber auch massenweise mit frischem Eigenkapital? Warum fluten die Notenbanken den Geldmarkt mit großen Summen billigen Geldes, um den Kreditfluss aus dem Bankensektor in die Realwirtschaft am Laufen zu halten? Die Finanzmärkte sind der wichtigste Mittler in unseren Volkswirtschaften, ohne den – verkürzt formuliert – die Geldversorgung zusammenbrechen würde. Eine massive Liquiditätsklemme des Bankensystems etwa schnürt die Kreditversorgung der Unternehmen ein und schlägt unverzüglich auf die Realwirtschaft durch. Wenn die Vertrauenskrise erst einmal solche Ausmaße erreicht hat wie im vergangenen Jahr, dann gibt es außer permanenten Notinfusionen keine Alternativen mehr. Das ist herrschende Meinung in der Politik und auch in der Finanzwelt selbst.

Vor einigen Jahren war ich als Redner bei einer Veranstaltung mit institutionellen Anlegern geladen. In seiner Anmoderation sprach der Vertreter der einladenden Investmentbank einen Satz, der mir seither nicht mehr aus dem Kopf ging: «Dauerhafte Renditeversprechungen von mehr als zehn Prozent, wie uns die Akteure auf den globalen Finanzmärkten vorgaukeln, sind auch im Kapitalismus nichts anderes als Diebstahl!»

Im Kapitalismus gibt es eben keine wundersame Geldvermehrung wie im Märchen. Die Erträge wirtschaftlicher Aktivitäten müssen zunächst in der realen Welt verdient werden, sind also nicht das Ergebnis einer virtuellen Scheinwelt. In der Realwirtschaft, also in produzierenden Unternehmen oder im Dienstleistungsgewerbe, werden im Durchschnitt der Branchen und Jahre Nettorenditen von kaum mehr als drei Prozent erzielt. Zwar kommen in sehr guten Zeiten auch mal knapp zweistellige Margen zustande, aber im konsumnahen Einzelhandel etwa liegen sie häufig kaum über einem Prozent.

Man muss kein Ökonom sein, um zu folgendem Schluss zu kommen: Die Renditen in der Realwirtschaft bedingen am Ende auch die Renditen an den Finanzmärkten. Denn alle Finanzmarktprodukte reflektieren auf lange Sicht immer die reale Wertschöpfung. Erst der Ertrag aus wirtschaftlicher Betätigung finanziert die Zinsen für geliehenes Geld. Die Löhne, die Rohstoffe, ja selbst die Steuern, die Unternehmen zu bezahlen haben, müssen letztlich über den Preis des Produkts oder einer Dienstleistung im echten Marktgeschehen erwirtschaftet werden.

Am Beispiel der US-Immobilienblase lässt sich beispielhaft der Wirkungsmechanismus kollektiver Gier aufzeigen. Am Anfang stand der Terroranschlag des 11. September 2001, der nicht nur Tausende von Menschenleben forderte, sondern erhebliche Teile des Weltfinanzzentrums in der New Yorker City lahmlegte, was zu einer massiven Liquiditätsklemme führte. Um seine ökonomischen Folgen zu mildern – immerhin war ja zu diesem Zeitpunkt die 2000 geplatzte Internetblase mit ihrer erheblichen Kapitalvernichtung noch nicht verarbeitet –, versorgte die US-Notenbank die Märkte mit billigem Geld. Die US-Regierung schuf an der Heimatfront ein ordentliches Konsumklima, indem sie die staatlichen Wohnbaufinanzierer Fanny Mae und Freddie Mac dazu anhielt, möglichst allen Bevölkerungsschichten Wohneigentum zu ermöglichen. Das wurde grundsätzlich bereits unter Präsident Clinton in den neunziger Jahren praktiziert, jetzt aber unter Bush nochmals weiter vorangetrieben. Es gab billiges Baugeld von der Bank, und wer irgendwie ein Einkommen glaubhaft machen konnte, bekam großzügig bis zu 100 Prozent der Kosten als Hypothekendarlehen. Und da die Immobilienpreise dank der prosperierenden Konjunktur immer schön stiegen, machten sich weder Hausbesitzer noch Kreditgeber ernsthafte Sorgen über die mögliche Entwicklung einer Preisblase.

Weil die Immobilien auf dem Papier immer werthaltiger wurden, haben die Banken diese Grundstücke auch weiter großzügig beliehen, um den amerikanischen Konsum zu befeuern. Die amerikanische Volkswirtschaft lebt ja ohnehin fast traditionell aus dem Vollen – wenn ein Land, das sein gesamtes jährliches Volkseinkommen sofort komplett wieder ausgibt, diese Konsumquote zusätzlich noch mit vermeintlichen Wertsteigerungen überteuerter Grundstücke hochpeitscht, dann muss dieser Selbstbetrug einer ganzen Gesellschaft irgendwann im Abgrund enden.

Auf den amerikanischen Finanzmärkten wurden parallel und passend zu den Immobilienexzessen die dazu notwendigen neuen Produkte kreiert. Man schnürte milliardenschwere Immobilienpakete, verknüpfte unterschiedliche Risikogruppen zu Subprime-Konstrukten und ließ sich diese neuen Produktgruppen von den mit den Investmentbanken geschäftlich direkt und indirekt verbundenen Rating-Agenturen mit Bestnoten bewerten. Institutionelle Anleger, Investmentbanker und vor allem staatliche Banken in Deutschland kauften für viele Milliarden Dollar und Euro nicht werthaltige Immobilienpapiere und bleiben jetzt, da der Immobilienmarkt in den USA praktisch zum Erliegen gekommen ist und viele Hausbesitzer ihre Finanzierungsverpflichtungen nicht mehr erfüllen können, auf gigantischen Wertberichtigungen sitzen. Je länger die Krise dauerte, umso mehr wurden Ausfallrisiken zum echten Totalausfall. Manche Institutionen implodierten förmlich, wie die staatliche Industriekreditbank (IKB) in Deutschland oder die Investmentbank Lehman Brothers in den USA. Die Eruptionen einer nimmersatten Konsum-Volkswirtschaft ziehen immer weitere Kreise und verschärfen die Rezession rund um den Globus.

Genau in dieser Situation, in der wir alle spüren, dass die Finanzmärkte auf gefährlichen Treibsand gebaut sind, wird an der Wall Street und in der Londoner City das Hohelied auf den Staat angestimmt: Lieber Steuerzahler, hilf uns doch aus der Not! Und diesem teuren Lockruf konnten und wollten sich weder Regierungen noch Parlamente entziehen. Es heißt, man habe keine andere Wahl, weil sonst ein globaler Niedergang drohe, der in eine weltweite Depression münde. Selbst Bundeskanzlerin Angela Merkel formulierte in ihrer Haushaltsrede im Deutschen Bundestag am 26. November 2008 bemerkenswert düster: «Wir wissen jedoch: 2009 wird ein Jahr schlechter Nachrichten. (...) Zur Dimension dieser Krise gehört: Es hat selten eine wirtschaftliche Krise gegeben, die gleichzeitig in den Vereinigten Staaten von Amerika, Europa und Asien stattfand. Das macht diese ungewöhnliche Herausforderung aus.»

Doch die Rezession lässt sich trotz aller Rettungspakete nicht verhindern, höchstens abmildern, um den Preis einer gewaltigen öffentlichen Verschuldung. Außerdem ist zu befürchten, dass die Lösungsansätze in der aktuellen Finanzmarktkrise, die im Grundmuster früheren staatlichen Hilfsaktionen gleichen, eine fatale Nebenwirkung haben: Weil faktisch die Verluste sozialisiert werden, wird die Risikobereitschaft an den Finanzmärkten schnell wieder die Oberhand gewinnen. Wer einmal die Erfahrung gemacht hat, dass hochriskante Geschäfte nicht zum Totalverlust führen, weil die öffentliche Hand einspringt, der wird bei künftigen Geschäften kein gesteigertes Risikobewusstsein an den Tag legen. Die schärfste Waffe aber gegen die übersteigerte Gier in unserem Wirtschaftssystem ist die Angst vor dem Totalverlust. Nur wer als Marktteilnehmer weiß, dass ein hohes Risiko auch hohe Risikoprämien zur Folge hat, im Zweifelsfall sogar zum Bankrott führt, wird die Risiken sorgfältiger abwägen und hochriskante Geschäfte unter Umständen komplett ausschlagen.

Marktteilnehmer sind aber auch wir kleinen Anleger, die wir auf hohe Renditeversprechungen leichtgläubig hereinfallen. Längst vergessen scheint die Mahnung der Großelterngeneration, die noch leidvolle Erfahrungen mit einer Währungsreform gemacht hatte: «Sei vorsichtig, wenn dir jemand mehr als fünf Prozent Realzins verspricht.» Aber Hand aufs Herz: Wer hat sich nicht selbst schon von der Aussicht auf zweistellige Renditen blenden lassen? Viele hochspekulative Produkte wurden allein deshalb neu geschaffen, weil eine von vermeintlichen Traumrenditen geblendete Kundschaft sich das Blaue vom Himmel herunter versprechen lässt.

Zu Beginn der weltweiten Depression Anfang der dreißiger Jahre formulierte der britische Ökonom John Maynard Keynes jene ökonomische Grundidee, die auch in der aktuellen Rezession ein Comeback feiert. Wenn die Nachfrage in der Privatwirtschaft rückläufig ist und in einer Rezession mündet, müsse der Staat die ausfallende Nachfrage durch öffentliche Konjunkturspritzen kompensieren. Zu diesem Zweck sei auch eine Kreditfinanzierung geboten. Ein wichtiges Memento von Keynes wird allerdings häufig unterschlagen: Der Staat, so der Ökonom, müsse über den Konjunkturzyklus hinweg für eine Null-Verschuldung sorgen. Auf die aktuelle Krise übertragen, heißt das: Wenn die Finanzpolitik die wegbrechende Konjunktur mit Krediten zu stützen versucht, dann hat sie im Aufschwung für Haushaltsüberschüsse zu sorgen, damit das Staatsbudget im Saldo mindestens ausgeglichen bleibt.

Um nicht missverstanden zu werden: In einer Rezession ist eine restriktive Finanzpolitik völlig kontraproduktiv. Wir dürfen nicht in die Krise hineinsparen. Deshalb wirken die sogenannten automatischen Stabilisatoren, die im Konjunkturabschwung zu einem steigenden Defizit im Staatshaushalt führen: Die Steuereinnahmen erhöhen sich im Konjunkturtal deutlich langsamer, wenn sie nicht sogar einbrechen, und die Ausgaben für soziale Leistungen explodieren förmlich, vor allem als Folge steigender Arbeitslosigkeit.

Doch bei kreditfinanzierten aktiven Konjunkturprogrammen, wie sie jetzt auch die Berliner Politik forciert, ist Vorsicht geboten. Denn seit Jahrzehnten wird Keynes' Forderung missachtet: Auch in den guten Wirtschaftszeiten wurde die Verschuldung nicht zurückgeführt, sie stieg über Jahrzehnte unaufhaltsam weiter. Selbst in den kurzen Erholungsphasen ist es der Bundespolitik nicht gelungen, den Bundeshaushalt ohne Kreditaufnahme auszugleichen. Alle Finanzminister der letzten Jahrzehnte, ob Gerhard Stoltenberg, Theo Waigel, Hans Eichel oder Peer Steinbrück, scheiterten daran, dass die Politik selbst in den guten Zeiten nicht zum Sparen neigt. Die Begehrlichkeiten der spendierfreudigen Politiker harmonieren stets mit den Begehrlichkeiten von uns Wählern.

Es droht nun die Gefahr, dass Regierung und Opposition in Berlin die Finanzmarktkrise als Vorwand nutzen könnten, um in der Finanzpolitik alle Dämme einzureißen. Weil eine Konsolidierungspolitik so mühselig und unpopulär ist, wäre dies ein mögliches Ausstiegsszenario. In Wahlkampfzeiten pflegt die zwingend notwendige Gegenfinanzierung des Wünschenswerten plötzlich in den Hintergrund zu treten. Wenn alle Schulden machen, sind ungelöste Finanzierungsfragen dann nicht eine lässliche Sünde?

Vielleicht erinnern wir uns noch daran, dass genau im Konjunkturhoch zu Jahresbeginn 2007 die Mehrwertsteuer deutlich erhöht wurde – mit dieser Steuererhöhung schöpfte die Große Koalition massiv Kaufkraft ab und dämpfte damit die Binnennachfrage. Gleichzeitig spülte sie zusätzliche Einnahmen in die öffentlichen Kassen, die die Politik als Konsolidierungs-

erfolg verbucht hat. Doch trotz der kräftigen Steuererhöhung und der guten Konjunktur wurden weitere
Kredite aufgenommen. Selbst eine unpopuläre Steuererhöhung erschien der Politik leichter durchsetzbar als
die schmerzhafte Begrenzung der Ausgaben.

Jetzt wird die Bekämpfung der Rezession als
Hauptgrund für die massive Ausweitung der Staatsverschuldung bemüht. Nun diskutieren die Steuer-
erhöher von gestern plötzlich über Steuersenkungen
für die konsummüden Bürger: Konsumschecks für
die kleinen Leute, befristete Absenkung der Mehrwertsteuer, Abschaffung des Solidaritätszuschlags – fast pa-
nisch wetteiferten die Politiker in der Adventszeit 2008
um die skurrilsten Vorschläge zur Konjunkturstimulie-
rung, die oft unsinnig, vor allem aber teuer sind. Alle
Ressortminister wollen von dem erwarteten Geldsegen
etwas haben und öffnen deshalb ihre Wunschschatul-
len. Psychologischer Nebeneffekt dieses vielstimmigen
Anti-Krisen-Chors: Wer bisher nichts von Krise gespürt
hat, der richtet sich jetzt garantiert darauf ein und hält
sein Geld zusammen.

«Wirtschaft ist zu 50 Prozent Psychologie!», formulierte einst Ludwig Erhard. Bei uns Wählern müssten schon jetzt die Alarmglocken schrillen, weil sich
die Argumente wiederholen werden, mit denen uns
die Politik im nächsten Aufschwung die Rechnung präsentiert.

Die Pflegeversicherung als Erbenschutzprogramm

Auch hinter dem jüngsten Zweig der Sozialversicherung, der gesetzlichen Pflegeversicherung, steckt eine Tendenz, die in Deutschland schon länger zu beobachten ist: Immer stärker setzt die Politik auf die Individualisierung der Ansprüche des Bürgers gegen den Staat. Wenn dies aber uns Bürger dazu verleitet, die eigene Verantwortung für uns oder unsere engsten Angehörigen an den anonymen Staat oder eine ebenso anonyme Pflegeversicherung zu delegieren, weil zum Beispiel die Unterhaltsverpflichtungen innerhalb der Familie wegfallen, droht am Ende das Gemeinwesen als Ganzes Schaden zu nehmen. Die Entsolidarisierung ist dann nicht Folge von zu wenig Sozialstaat, sondern Ergebnis einer übersteigerten staatlichen Fürsorge.

Die Einführung der Pflegeversicherung 1995 war eine verständliche Reaktion auf eine dramatische Entwicklung: Bis Mitte der neunziger Jahre waren die Ausgaben für die kommunalen Sozialhilfeträger, die für die Hilfe zur Pflege zuständig waren, auf rund neun Milliarden Euro im Jahr angewachsen. Um die Kommunen zu entlasten und den Betroffenen die notwendige Bedürftigkeitsprüfung bei pflegebedingtem Sozialhilfebezug zu ersparen, wählte man nach langen politischen Auseinandersetzungen eine Lösung in Form einer Sozialversicherung. Krankenversicherungspflichtige Arbeitnehmer bezahlen eine zusätzliche Umlage von heute 1,95 Prozent vom monatlichen Lohneinkommen, Rentner den gleichen Betrag von ihrer Rente. Kinderlose haben einen zusätzlichen Monatsbeitrag von 0,25 Prozent zu entrichten. Auch privat Krankenversicherte müssen Beiträge in eine private Pflegepflichtversicherung einzahlen.

Doch schon vor der Einführung der Pflegeversicherung warnten Fachleute eindringlich, dass die Lösung in Form einer Umlage auf das Arbeitseinkommen die Lohnzusatzkosten langfristig massiv erhöhen würde – die Alterung unserer Gesellschaft führe automatisch zu einem Anstieg der Zahl pflegebedürftiger Menschen. Außerdem trage die zunehmende Zahl von Single-Haushalten dazu bei, dass der in der Pflegeversicherung gesetzlich postulierte Vorrang der häuslichen vor der stationären Pflege bald obsolet werde.

Obwohl der Gesetzgeber ausdrücklich das Subsidiaritätsprinzip gelten lassen wollte, also eine Teilkasko-, keine Vollkaskoversicherung anstrebte, sind die Ausgaben der Pflegekassen inzwischen gewaltig gestiegen. Zwar wurden die kommunalen Sozialhilfeträger wirkungsvoll entlastet, weil heute gut 180 000 Pflegebedürftige weniger von der Sozialhilfe abhängig sind als vor der Reform im Jahr 1994 – das ist ein Minus von etwa 40 Prozent und entspricht einer jährlichen Entlastung der Sozialhilfe um rund sechs Milliarden Euro. Dennoch haben die Leistungen für Hilfe zur Pflege außerhalb von Einrichtungen bereits wieder das Niveau vor Einführung der Pflegeversicherung erreicht. Der massive Kostendruck zeigt sich aber vor allem in den Ausgaben der gesetzlichen Pflegeversicherung. Sie betragen heute schon rund 20 Milliarden Euro im Jahr und werden nach der jüngsten Beitragserhöhung von den laufenden Einnahmen auch gedeckt. Die private Pflegeversicherung gibt rund 3,5 Milliarden Euro im Jahr aus, baut aber aus den entsprechenden Einnahmen vorwiegend einen Kapitalstock als Deckungskapital für spätere Leistungen auf und bildet individuelle Rückstellungen, um spätere Beitragsanpassungen abzufedern. Für heutige Pflegeleistungen gibt die private Pflegeversicherung nur etwa ein Fünftel ihrer Einnahmen aus.

Man muss einräumen, dass sich die Zahl der Leistungsempfänger in der gesetzlichen Pflegeversicherung seit 1996, dem ersten Jahr der vollen Leistungspflicht, um rund ein Drittel von damals 1,55 Millionen auf heute rund zwei Millionen erhöht hat. Außerdem sind vor der Zeit der Pflegeversicherung einige Leistungen, die heute die Pflegekassen bezahlen, aus dem großen Topf der Krankenversicherung geflossen.

Trotzdem zeigen die Vergleiche deutlich, welche Ausgabenexplosion eine Sozialversicherung bewirkt, die viele neue Ansprüche bei uns Bürgern geweckt hat. Durch die Alterung unserer Gesellschaft werden bis zum Jahr 2040 mindestens 3,4 Millionen Menschen Leistungen aus der Pflegeversicherung in Anspruch nehmen. Erstmals seit Inkrafttreten der Pflegeversicherung sind im vergangenen Jahr auch die Leistungen verbessert worden, selbst eine jährliche Dynamisierung ist ab 2014 vom Gesetzgeber in Aussicht gestellt. Kein Wunder, dass Gesundheitsökonomen einen Anstieg der Pflegeversicherungsbeiträge im Lauf der nächsten Jahrzehnte auf deutlich mehr als vier Prozentpunkte prognostizieren. Dabei rufen wir alle ständig nach höheren Nettolöhnen, denn wir wissen um die Achillesferse unserer Volkswirtschaft, die hohen Bruttoarbeitskosten, auf denen die Last der Sozialstaatsfinanzierung ruht. Dass die gesetzliche Pflegeversicherung als Umlagesystem genau diese Kosten treibt, wollen wir nicht wahrhaben.

Zudem ist der Umgang mit dem körperlichen und geistigen Verfall noch immer ein Tabuthema in unserer Gesellschaft. Als junger Mensch schiebt man die Pflegebedürftigkeit als potenzielles Altersphänomen weit von sich weg, obwohl Unfallopfer oder Schlaganfallpatienten schon in jungen Jahren Pflegefälle sein können. Wird man in der Familie mit dem Thema konfrontiert, erlebt man in aller Regel, dass die Frauen – Schwestern, Schwägerinnen, Schwiegertöchter – sich um die Pflege für die älter und gebrechlicher werdenden Angehörigen kümmern. Allerdings wird die steigende Frauenerwerbsarbeit zwangsläufig dazu führen, dass immer weniger Frauen die häusliche Pflege über-

nehmen können. Das wird den Trend zur teuren stationären Pflege verstärken.

Obwohl die Pflege in stationären Einrichtungen
im vergangenen Jahrzehnt gegenüber der ambulanten
Pflege deutlich zugenommen hat, dominiert auch in einer Gesellschaft der Kleinstfamilien und Single-Haushalte noch immer die häusliche Pflege. Die meisten
Bürger haben entsprechende Erfahrungen im engsten
familiären Umfeld oder im Freundeskreis. Menschen
werden plötzlich damit konfrontiert, dass der Ehepartner oder die eigene Mutter rund um die Uhr Hilfe benötigen. Häusliche Pflege fordert viele pflegende Angehörige physisch und psychisch bis an die Grenzen
ihrer Belastbarkeit. Sie opfern sich auf, weil sie Partner
oder Eltern nicht in Heime abschieben wollen. Das ist
ein starkes emotionales Argument, das auch vom Gesetzgeber unterstützt wird, denn der plädiert für das
Motto: Ambulant vor stationär! Weil die Vollzeitpflege
in stationären Einrichtungen sehr teuer ist – selten unter 3000 Euro monatlich –, reicht nur bei relativ wenigen Menschen das Alterseinkommen aus, um einen
solchen Betrag aus eigener Kraft zu schultern. Von der
Pflegekasse gibt es in der höchsten Pflegestufe III einschließlich eines eventuellen Härtefallzuschlags bei
der Unterbringung in einem Pflegeheim pro Monat maximal 1750 Euro.

Da die allermeisten Bürger im Alter jedoch über
kein laufendes Einkommen von mehreren tausend
Euro im Monat verfügen, bedeutet die Pflegeheim-
unterbringung für viele Betroffene, dass sie ihre Vermö-

genswerte angreifen müssen: Sparvermögen und andere Rücklagen, eventuell sogar das Eigenheim. Denn ehe das Sozialamt die Unterbringungskosten bezahlt, muss die Bedürftigkeit nachgewiesen werden. Das bedeutet im Eventualfall sogar noch eine Heranziehung der eigenen Kinder durch den Sozialhilfeträger, sofern sie über entsprechende Einkommen verfügen.

Die häusliche Pflege genießt ja aus Sicht des Gesetzgebers den Vorrang, nicht zuletzt weil sie Pflegekassen materiell weit weniger belastet als die teure Heimpflege. Die Pflegekassen honorieren die häusliche Pflege mit monatlichen Geld- oder Sachleistungen: In Pflegestufe I sind es 215 Euro Geldleistung, in Pflegestufe II 420 Euro, in der Schwerstpflegestufe III 675 Euro. Außerdem bezahlt die Pflegekasse auch Rentenversicherungsbeiträge für pflegende Angehörige, sofern bestimmte Mindestpflegezeiten regelmäßig wiederkehrend von diesen erbracht werden. Je nach der Pflegestufe des zu pflegenden Angehörigen wirkt sich die häusliche Pflege dann rentensteigernd für den Pfleger oder die Pflegerin aus: Zwischen sechs Euro und maximal rund zwanzig Euro monatlich erhöht sich pro Jahr der Pflegeleistung die spätere Rente. Für knapp eine halbe Million Menschen, die zu Hause Pflegebedürftige ehrenamtlich betreuen, werden derzeit rund eine Milliarde Euro jährlich an Rentenbeiträgen bezahlt.

So vernünftig diese Regelungen auf den ersten Blick erscheinen, man muss zugleich feststellen: Sie haben auch zur Entsolidarisierung in unserer Gesellschaft beigetragen. Vor der Einführung der Pflegeversicherung musste die Pflegeleistung in den Familien organisiert werden. Auch damals waren die Frauen in der Verwandtschaft die tragenden Säulen der Pflege. Doch war in vielen Fällen so etwas wie familiäre Solidarität spürbar, wenn im Familienrat die Geschwister die Finanzierungsfrage diskutierten, weil Eltern oder Schwiegereltern pflegebedürftig wurden. In der Arbeiterfamilie wie im Akademiker- oder Unternehmerhaushalt leisteten in aller Regel die arbeitenden Geschwister für die pflegende Schwester, Schwägerin oder Schwiegertochter einen monatlichen Obolus, um die Pflegeleistung zu honorieren. Oder es wurde für den späteren Erbfall eine Regelung getroffen, mit der die pflegende Angehörige als Leistungsausgleich in den Genuss der größten Erbmasse kommen sollte. Wenn man so will, hatte dieses hunderttausendfach praktizierte Sozialverhalten sehr viel mit persönlicher Eigenverantwortung zu tun, auch wenn die getroffenen privaten Lösungen manchmal nicht ohne Familienzwist abgingen.

Seit der Einführung der Pflegeversicherung laufen die Diskussionen in vielen Familien anders als früher. Die innerfamiliäre Solidarität erschöpft sich immer häufiger in der Frage, ob man nicht gegen den Bescheid des Medizinischen Dienstes der Krankenversicherung (MDK) vor dem Sozialgericht klagen sollte, damit es eine höhere Pflegestufeneingruppierung und damit mehr Geld und Rentenanspruch für die häusliche Pflege gibt. Denn die Schwester, Schwägerin oder Schwiegertochter soll ja wenigstens von der Pflegekasse einen angemessenen Ausgleich erhalten, damit das Vermögen des zu pflegenden künftigen Erblassers möglichst unangetastet bleibt. Eine Heimunterbringung kommt für viele Angehörige allein schon deshalb nicht in Frage, weil die monatlichen Kosten nicht annähernd durch Pflegekasse und Rente gedeckt wären und – jahrelanges Weiterleben des zu pflegenden Angehörigen unterstellt – erbbares Vermögen aufgezehrt würde, auf das Nachkommen ja immer wieder gern spekulieren.

Spitz formuliert bedeutet eine solche Praxis in unserer Gesellschaft nichts anderes, als dass die Kosten der Pflege nach Möglichkeit sozialisiert und die Gewinne in Gestalt der Erbmasse wiederum privatisiert werden. Vor diesem Hintergrund wirkt die Pflegeversicherung wie ein Erbenschutzprogramm.

Wo steht eigentlich geschrieben, dass das Vermögen, das Menschen in ihrer aktiven Zeit erwerben, nicht in erster Linie dazu dienen sollte, sie möglichst menschenwürdig bis zu ihrem Tod pflegen zu können, falls sie im Alter hilfebedürftig werden?

Wenn wir glauben, die Kosten der «Längerlebigkeit», die sich in der Rentenversicherung und in der Beamtenversorgung, aber natürlich auch in der Kranken- und Pflegeversicherung niederschlagen, immer stärker dem anonymen Staat aufbürden zu können, dann handeln wir unsozial. Wer für sich selbst sorgen kann, muss für sich selbst sorgen. Auch hier gilt: Je mehr Menschen, die eigentlich für sich selbst sorgen könnten, den Staat in Anspruch nehmen, desto unbezahlbarer werden die sozialen Sicherungssysteme, und desto höher wird die Belastung von uns Bürgern.

Wir brauchen einen Systemwechsel in der Pflegeversicherung. Natürlich ist es im persönlichen Interesse jedes Menschen, aber auch der ganzen Gesellschaft, das zunehmende Lebensrisiko Pflegebedürftigkeit obligatorisch abzusichern. Weil aber inzwischen hohe Ausgabenansprüche an die heutige Pflegeversicherung entstanden sind, sind für zwei bis drei Jahrzehnte zwei parallele Systeme erforderlich: Die älteren Arbeitnehmer und die Rentner bleiben im Umlagesystem, zahlen aber künftig eine einheitliche Prämie statt eines lohnbezogenen Beitrags – und für die jüngeren Arbeitnehmer wird eine private Absicherung auf einem Basisniveau vorgeschrieben. Die Beiträge, die möglichst nach Alter und Risiko kalkuliert werden sollten, bezahlen allein die Beschäftigten. Der bisherige Arbeitgeberanteil wird künftig dem Arbeitnehmer ausbezahlt.

Die Pflegeversicherung baut individuell ausgewiesene Altersrückstellungen auf, die bei einem Wechsel der Versicherung mitgenommen werden können. Die Versicherung trägt die Pflegeleistungen im Leistungsfall nicht komplett, vielmehr sorgt ein Selbstbehalt des Versicherten für einen sorgfältigen Umgang mit den Leistungen. Wer seine Prämie nicht bezahlen kann, erhält vom Staat Zuschüsse. Ziel sollte es sein, den Unterschied zwischen gesetzlichen und privaten Pflegeversicherungen aufzuheben, damit ein echter Wettbewerb entsteht. Ich hielte es außerdem für geboten, die Pflegeversicherung vollständig in die Krankenversicherung zu integrieren, damit der Anreiz entfiele, die Kosten jeweils auf den anderen Versicherungszweig abzuwälzen. Weil das heute geschieht, sind während der Urlaubszeit oder über die Feiertage die Krankenhäuser von alten pflegebedürftigen Menschen bevölkert – auf Kosten der Krankenkassen. Die Familie will ja mal ihre Ruhe haben! Eine Integration beider Systeme setzt allerdings voraus, dass auch in der Krankenversicherung eine Prämienfinanzierung durchgesetzt wird.

Für unsere Gesellschaft insgesamt können wir aus diesem Beispiel lernen. So gern wir als vielzitierte Generation der Erben von der Arbeitsleistung unserer Vorfahren profitieren, sollten wir doch auch die Kehrseite der Medaille sehen: Ein ungeschmälertes Erbe bedeutet, dass wir an anderer Stelle für die Kosten der Alterung unserer Gesellschaft bezahlen müssen.

Das weiße Sofa oder Die Betroffenen haben immer recht

Politische Unterhaltungssendungen im Fernsehen, neuerdings auch Polit-Talk genannt, werden nach einem einfachen Strickmuster konzipiert: Die Redaktionen suchen sich möglichst knackige Reizthemen, die sie häufig in rhetorische Frageform kleiden, und die Diskutanten stammen aus dem immergleichen Personalfundus, der den Zuschauern aus Politik, Wirtschaft und Kulturbetrieb geläufig ist. Es gibt Klassifizierungen nach der individuellen Prominenz – erste, zweite und gelegentlich sogar dritte Garnitur. Die erste Garnitur hat einen Vorteil: Weil das Thema der Sendung häufig von ihrer Studiopräsenz abhängt, kann sie Einfluss auf die Besetzung nehmen.

Dabei ist eher nachrangig, ob die Diskutanten dem Zuschauer zum Erkenntnisgewinn verhelfen. Die jeweiligen Akteure sollen vielmehr ihre Rollen so spielen, dass sich die unterschiedlichsten Zuschauergruppen mit ihnen identifizieren können und beim Zapping durch die Programme möglichst lange an das jeweilige Talk-Format binden. Weil die Quoten im Minutentakt erhoben werden, lässt sich das Ein- und Ausstiegsverhalten der Zuschauer als Quoten-Fieberkurve abbilden. Da hilft es, wenn Talkgäste miteinander streiten, die möglichst auf Krawall gebürstet sind.

Die Redaktionen der quotenstärksten Formate erheben ausdrücklich den Anspruch, in ihren Sendungen die Politik mit der Realität zu konfrontieren. Was für «Anne Will» das weiße Sofa, auf dem sogenannte Betroffene leibhaftig Platz nehmen, ist für «Hart, aber fair» der Einspielfilm. So ehrenwert der Anspruch sein mag, die Phrasen der routinierten Profis mit der Alltagserfahrung von normalen Bürgern zu kontrastieren: Er wird selten eingelöst, weil die Betroffensicht nur einen sehr subjektiven Blick auf die Realität erlaubt. Sie mag ein Thema emotionalisieren und skandalisieren können, muss aber zwangsläufig im vergeblichen Versuch enden, die Komplexität unserer Gesellschaft durch O-Töne echter oder vermeintlicher Verlierer zu beschreiben.

Wenn Rentner Wolfgang Frobenius, Jahrgang 1939, auf dem weißen Sofa die «Verarsche des Volkes» beklagt und die 1,1-prozentige Rentenerhöhung als «Hohn» bezeichnet, weil sie nach Jahren der Nullrunden viel zu niedrig sei und bei weitem nicht die aktuelle Inflation ausgleiche, dann klatscht das Publikum im Studio begeistert, und Horst Seehofer, Rudolf Dreßler oder der Verfasser sind als Diskutanten in der Defensive. Wer es bei solchen Statements überhaupt noch wagt, auf die Folgen dieser Erhöhung für die Beitragszahler hinzuweisen, hat schon verloren. Denn der Rentner im Studio hat ja im Namen aller Rentner der Republik denen da oben ordentlich die Meinung gesagt. Jeder Einwand würde nicht nur vom Studiogast als Affront empfunden, sondern auch von den Zuschauern. Dabei müssten verantwortungsbewusste Politiker sofort auf die steigende Lebenserwartung hinweisen, die faktisch über den längeren Bezugszeitraum eine Rentenerhöhung ist, selbst bei nominalen Nullrunden. Oder sie sollten den netten Rentner Frobenius vielleicht zurückfragen, ob nicht auch seine Kinder sich durch die hohen Lohnabzüge, über die ja die Renten finanziert werden, geschröpft sehen. Doch dies würde die Inszenierung nur stören.

Anderes Thema, aber gleiches Schema: Annett Kreissl, 40 Jahre alt, ist empört. Sie ist seit längerem arbeitslos und lebt mit ihrem Sohn Robert, 15 Jahre alt und Realschüler, von ALG II. Der Sohn machte einen Ferienjob in Süddeutschland und muss von 300 Euro Verdienst nach geltendem Recht mehr als die Hälfte abgeben, weil er ja als Mitglied der Bedarfsgemeinschaft, in der er mit seiner Mutter lebt, Leistungen zum Lebensunterhalt vom Staat erhält. Die Mutter ist wie ihr Sohn sauer, die Zuschauer im Studio ebenso. Kein Mensch will verstehen, dass der Staat dem jungen Mann seinen Ferienverdienst um mehr als die Hälfte mindert. Als der CSU-Politiker Markus Söder und ein Bezirksbürgermeister aus Berlin-Neukölln darauf hinzuweisen wagen, dass es grundsätzlich schon in Ordnung sei, bei Beziehern staatlicher Unterstützung eigenes Einkommen anzurechnen, kocht die Empörung im Studio hoch: der böse Staat, der Jugendlichen ihren Schneid abkauft. Niemand formuliert klar und eindeutig, dass ja auch der Sohn eigene Grundsicherungsleistungen bekommt, nicht nur seine Mutter. Seltener Lichtblick bei dieser Betroffenen-Präsentation, der nicht so ganz zur Inszenierung passen will: Robert macht nächstes Jahr wieder den Ferienjob – trotz der Abzüge, weil er in diesem Unternehmen offensichtlich einen Ausbildungsplatz bekommen soll. Das motiviert!

Und weil die Betroffenen immer recht haben, ist mit dem fernsehtauglich orchestrierten Lamento auch schon das Grundmotto unzähliger Sendungen der vergangenen Jahre bedient: Das Leben ist ungerecht! Die Armen werden ärmer, die Reichen immer reicher! Die Benachteiligten sind die Guten, die Reichen die nimmersatten Raffkes. Unternehmer sind unsozial, weil sie Arbeitsplätze abbauen, oder unfähig, weil sie die falschen Produkte anbieten, die keine Kunden mehr finden. Komplexe Zusammenhänge werden in der fernsehtauglichen Aufbereitung so banalisiert, dass es fast an Volksverdummung grenzt. Doch die eingeladenen prominenten Gäste halten meist mit verständnisvoller Miene ihren Widerspruch zurück, sie mutieren zum «Weichei», wie es Peer Steinbrück auf den Punkt brachte. Wer will schon einen Hartz-IV-Empfänger auf dem weißen Sofa, der die hohen Kosten für die Heizung beklagt, mit dem Hinweis bloßstellen, seine Warmmiete werde ja vom Staat komplett übernommen, während eine geringverdienende Verkäuferin ihre Heizkosten aus dem eigenen kleinen Einkommen zu bezahlen hat? Es ist denkbar unpopulär, in einer politischen Unterhaltungssendung die Zuschauer und Betroffenen darauf hinzuweisen, dass wir zwar anständige Löhne erhalten wollen, zugleich aber als Konsumenten überaus gern möglichst billig einkaufen. Und wer in einer Diskussion über die sinkenden Pro-Kopf-Einkommen diesen Effekt mit der steigenden Erwerbstätigkeit von Frauen erklärt, die in der Regel beim Wiedereinstieg in den Beruf bewusst eine Teilzeitbeschäftigung suchen, wird kaum mit Beifall rechnen können. Die steigende Erwerbsbeteiligung von Frauen hat statistisch zwar die Pro-Kopf-Einkommen gesenkt, aber doch in der Gesamtheit das verfügbare Erwerbseinkommen in Deutschland gesteigert.

Die Inszenierung hat einen traurigen Nebeneffekt: Da ihnen offenbar so wenige Betroffene als «fernsehtauglich» erscheinen, bitten Redaktionen bei Gewerkschaften oder anderen Interessengruppen um Empfehlungen. So kommt es vor, dass man in verschiedensten Medien, aber auch bei konkurrierenden Fernsehformaten immer mal wieder denselben Menschen begegnet: dem Langzeitarbeitslosen Christo Großmann, der stolz darauf ist, seit siebzehn Jahren nicht gearbeitet zu haben, oder der Malocherin Susanne Neumann, die für Dumpinglöhne im Gebäudereiniger-Handwerk arbeitet – und sich als aktive Gewerkschafterin und Betriebsrätin bei Verdi entpuppt. Auch manche Betroffene spielen auf diese Weise ihre Rollen im Besetzungsspiel der TV-Meinungsmache.

Für Politiker, die mit der Kraft ihrer Argumente Wirkung erzielen wollen, ist mediale Präsenz in einer Mediengesellschaft unverzichtbar. Das Wesen der Politik besteht ja gerade darin, möglichst viele Menschen direkt zu erreichen. Meinungsbildung ohne Publikum kann nicht funktionieren, und Politiker, die in der Öffentlichkeit nicht wahrgenommen werden, vermögen auch uns Wähler nicht zu mobilisieren.

Dabei hat sich das Fernsehen zum wichtigsten Medium für die Wahlentscheidung der Bürger entwickelt. Es setzt oder verstärkt die Themen der Leitmedien im Print-Bereich: im Qualitätsjournalismus von «Spiegel», «Frankfurter Allgemeine Zeitung», «Süddeutsche Zeitung» und im Boulevard von «Bild». Und es erreicht die breite Masse, nicht nur die politischen Eliten. Das Fernsehen gilt uns Wählern übrigens als glaubwürdigstes Medium. Deshalb ist für den Politiker die Fernsehpräsenz nichts anderes als der permanente Versuch, das Medium für die eigene Darstellung zu nutzen. Politiker wollen die Realität aus ihrem eigenen Blickwinkel deuten. Dafür brauchen sie größtmögliche öffentliche Wirkung. Unzählige Spin-Doktoren agieren hinter den Kulissen, die die Redaktionen von wichtigen Fernsehformaten und Print-Leitmedien mit Themen- und Personalvorschlägen füttern.

Auch im Umfeld der populären Polit-Talks agiert eine professionelle Meinungsmacher-Lobby, die das sogenannte Agenda Building betreibt. Sie ist im Interesse von Verbänden, Parteien oder einzelner Spitzenpolitiker unterwegs, um die für sie günstigen Themen zu forcieren und auch das geeignete Personal zu offerieren. Um etwa das Thema Kinderbetreuung, das lange ein sozialdemokratisches Anliegen war, für die Union positiv zu besetzen, eignete sich vorzüglich die Ministerin Ursula von der Leyen – ein Beispiel für ein gelungenes Agenda Building, mit dem sich die familienpolitisch konservative Union zumindest medial modernisierte. Die Aufgabe der professionellen Agenda Builder besteht aber auch darin, möglichst wenig negative Themenschwerpunkte zuzulassen, die das eigene Spitzenpersonal oder die eigene Partei in Bedrängnis bringen könnten. Meinungslobbyismus kann auch als Negativ-Kampagne konzipiert sein, damit Verliererpositionen der Konkurrenz möglichst variantenreich und häufig im Fokus der Berichterstattung stehen. Die Kommunikationsforschung hat in diesem Kontext zwei wichtige Erkenntnisse hervorgebracht: Zum einen wirken negative Informationen stärker und können besser behalten werden, zum anderen gilt der Grundsatz: Was in den Medien nicht stattfindet, existiert auch in den Köpfen der Wähler nicht.

Aufklärung über komplexe Zusammenhänge wäre eine vornehme Aufgabe des politischen Journalismus. Gerade der Qualitätsjournalismus, der politische Themen in den Vordergrund stellt, muss sich um gut recherchierte Hintergrundinformationen bemühen, klar zwischen Meldung und Kommentar trennen und im besten Sinn informieren: Die uninformierten Zuschauer oder Leser sollen in einem fast pädagogischen

Sinn durch die journalistische Arbeit einen Erkenntnisgewinn erhalten.

Im Gegensatz dazu personalisiert und emotionalisiert der Boulevard-Journalismus seine Geschichten, die als Endlosschleife der «schrecklich wahren Neuigkeiten» von den Katastrophenschauplätzen dieser Welt daherkommen, mit schnellen Live-Bildern von Reportern vor Ort, die vor allem die Opferzahlen zu interessieren scheinen und die Frage, ob auch deutsche Landsleute betroffen sind.

Längst jedoch verschwimmen die klaren Unterscheidungsmerkmale zwischen Qualitäts- und Boulevard-Journalismus. Obwohl wir angeblich in einer Informationsgesellschaft leben, nimmt die Substanz der Informationen ab, wir erhalten kaum Hilfestellung zur Einordnung von Nachrichten, während der Unterhaltungsfaktor auch der politischen Sendungen steigt. Selbst Sendungen wie «Tagesschau» und «Heute» räumen der Sportberichterstattung längst einen Raum ein, der zu Lasten der substanziellen politischen Informationen geht.

Nur dank unterhaltender Verpackung scheinen Informationen noch Gehör beim breiten Publikum zu finden. Doch die Verpackung verändert auch die Information, sie wird in kleine Portionen zerlegt, leicht verdaulich präsentiert. Über Zusammenhänge zu informieren, Wechselwirkungen aufzuzeigen wird von den Verantwortlichen schnell als Überforderung der Zuschauer betrachtet. Vielleicht aber ist auch der Journalismus überfordert, speziell das Leitmedium Fernsehen.

In den Talkshows gilt das Argumentieren mit Fakten und Zahlen schon als störend. Moderatoren reagieren unwirsch, unterbrechen fast grundsätzlich, weil sie die Angst vor quotenschädlicher Langeweile befällt. Dann lieber heftiger Streit oder Mitgefühl mit Betroffenen! Schon 1985 hat der amerikanische Medienwissenschaftler Neil Postman den Begriff Infotainment geprägt und damit eine Entwicklung durch das Medium Fernsehen beschrieben, die sich in atemberaubender Weise bestätigt hat. Der Zwang zur Bebilderung, so Postman, führe zu einer Entleerung der Inhalte von Politik und Kultur und münde in einer «Infantilisierung der Gesellschaft». Mit der Vermischung von Information und Unterhaltung werde eine der wesentlichsten Grundlagen der Aufklärung zerstört: die Fähigkeit zur rationalen Urteilsbildung. Postmans TV-Pessimismus gipfelte in der Befürchtung, die Grundlagen der Demokratie würden durch diese Entwicklung zersetzt, weil kollektive Unwissenheit zur Unmündigkeit führe.

Das Internet hat diese Tendenz zur Oberflächlichkeit noch beschleunigt. Immer mehr von uns sind permanent online, checken statistisch über fünfzigmal am Tag ihre Mailbox, tummeln sich in Social Networks, bloggen, twittern und surfen stundenlang durch die Websites dieser Welt, wie es sich für Kommunikations-Junkies im Netzzeitalter gehört. Was wichtig oder unwichtig ist, verliert seinen Wert, wenn Nachrichten zur Sekundenware verkommen. Die Meldungen der letzten Stunde wirken älter als die Zeitung vom Vortag. Deshalb hat die Tageszeitung für die Netzgeneration längst ihre Relevanz verloren, weil man kein gedrucktes Medium braucht, dessen Inhalt man schon vom Vortag aus den Internetportalen kennt. Natürlich ist das Netz für viele Menschen, auch für den Verfasser, ein unerschöpfliches Reservoir der Informationsbeschaffung. Ich möchte es nicht missen. Aber die Informationsflut in Zeiten des Internets ruft das altvertraute Bild vom Wald in Erinnerung, den man vor lauter Bäumen nicht mehr sieht. Viele Menschen haben Schwierigkeiten, im informationellen Grundrauschen den Informationskern überhaupt noch wahrzunehmen.

Wir sind als Zuschauer, User und Leser aktiv an diesem Trend zur Verflachung beteiligt. Wir sorgen für die Einschaltquoten, die Zugriffszahlen im Internet und die Auflagen der Printmedien. Die Aufregung über die Oberflächlichkeit der Medien fällt also auf uns Konsumenten zurück.

Gegen Meinungsmanipulation ist niemand gefeit. Auch politisch aufgeklärte Mitbürger können sich dem Trend zur Entpolitisierung der Gesellschaft kaum entziehen, der mit der Wissenskluft einhergeht, von der die Kommunikationsforschung spricht: Es gibt zwar unzählige Medienangebote in unserer Gesellschaft, aber immer weniger Menschen wissen sie für sich gewinnbringend zu nutzen. Das Managen von Informationen ist eine Schlüsselkompetenz in unserer Mediengesellschaft, die uns aber niemand lehrt. Wenigstens sollten wir uns der Mechanismen des Infotainments bewusst sein, um mehr Distanz zu wahren und nicht alles für bare Münze zu nehmen.

Sind die Medien wirklich der Spiegel der Realität oder aber Produzenten einer vermeintlichen Realität? Der Begriff Inszenierung stellt nicht zufällig einen Bezug zur Theaterbühne her. Im Scheinwerferlicht der Fernsehstudios werden politische Karrieren oft schneller aufgebaut oder verstärkt als im mühsamen Alltagsgeschäft der Parteien. Denn wir als Zuschauer und Wähler orientieren uns an der Prominenz, die sich in der Mediengesellschaft fast ausschließlich durch die TV-Präsenz definiert.

Doch wir sollten nicht vergessen: In den Studios wird Politik nur verkauft, nicht gemacht.

Wir überfordern den Staat

Was wir beim täglichen Einkauf so selbstverständlich akzeptieren, fällt uns Bürgern im Umgang mit dem Staat außerordentlich schwer. An der Ladentheke muss ich bezahlen, was ich erwerben will. Als Staatsbürger bestellen wir wie selbstverständlich jede Menge an Leistungen: vom Kindergeld und Elterngeld über die Bereitstellung von Bildungseinrichtungen (Kinderkrippen, Schulen, Universitäten) und gebauter Infrastruktur (Straßen, Schienen- und Wasserwege, aber auch Büchereien) bis hin zu Beamtenpensionen und dem gewaltigen Zuschuss des Bundes an die Rentenkasse. Die innere und äußere Sicherheit gewährleistet der Staat ebenso wie ein – trotz aller Kritik – immer noch erstaunlich leistungsfähiges öffentliches Gesundheitswesen.

Im Laufe vieler Jahrzehnte haben wir offenbar vergessen, dass die Leistungsfähigkeit des Staates auch von uns selbst abhängt. Wenn wir den Staat überfordern, dann verlangt er uns im Gegenzug immer mehr ab – in Form von Steuern und Sozialabgaben, aber auch in Gestalt einer immer größeren Regelungswut. Der Staat selbst generiert aus sich heraus keine Leistung. Als Gegenleistung für die Organisation des sozialen Zusammenlebens, vor allem aber des Schutzes seiner Staatsbürger, kassiert der abstrakte Staat Steuern vom Bürger. Im 19. Jahrhundert manifestierte sich die Staatstätigkeit in Deutschland in den fünf klassischen Ressorts: Äußeres, Finanzen, Inneres, Justiz und Verteidigung. Im Laufe vieler Jahrzehnte sind daraus bis heute nicht weniger als vierzehn Ministerien entstanden, Sinnbild der gewaltigen Ausweitung der Staatstätigkeit in unserer entwickelten Demokratie. Ohne eine gesellschaftliche Diskussion darüber, welche Aufgaben tatsächlich dauerhaft in die Kernkompetenz des Staates fallen und welche entbehrlich sind, werden wir Bürger weiter finanziell in Haftung genommen.

Doch wir alle haben dazu beigetragen, unseren Staat mit immer mehr Ansprüchen zu konfrontieren. Generationen von Politikern haben uns mehr soziale Sicherheit von der Wiege bis ins Grab versprochen – und wir haben sie gewählt. Über die Kosten wurde kaum geredet, weil scheinbar niemand persönlich die Zeche zu zahlen hat. Außerdem hat der Staat aufgrund seiner erstklassigen Bonität in aller Regel keine Probleme, seine Leistungen über Kredite zu finanzieren. Und mit geliehenem Geld kann man sich sehr lange neue Wünsche erfüllen, vor allem dann, wenn es zur Gewohnheit wird, die Kredite nie zu tilgen, sondern fortwährend neues Fremdkapital aufzunehmen.

Aber irgendwann stellt man fest, dass man neue Kredite allein deshalb aufnehmen muss, um die Zinsen für die alten überhaupt noch bezahlen zu können. In dieser Situation war der Bundeshaushalt noch vor wenigen Jahren. Angesichts der Finanzmarktkrise und ihrer Folgen für die öffentlichen Haushalte, aber auch wegen der globalen Wirtschaftskrise droht Deutschland nun eine Wiederholung in der nahen Zukunft.

Das vermeintlich bequeme Instrument der Verschuldung birgt aber Risiken, die uns als Staatsbürger, die gleichzeitig als Steuerpflichtige die Zahlungsfähigkeit unseres Staates sicherstellen, inzwischen stark zusetzen. Vor allem die Menschen in der breiten Mittelschicht unserer Gesellschaft beklagen die hohen Grenzsteuersätze, die inzwischen schon bei leicht überdurchschnittlichen Einkommen zu bezahlen sind. Wenn sich Leistung für viele Menschen nicht mehr lohnt, dann summiert sich der kollektive Rückgang der individuellen Leistungsbereitschaft auch in einem strukturellen Rückgang des Einnahmepotenzials unseres Staates. Ein überbeanspruchter Staat wird auch seine Bürger mit Steuern und Abgaben überfordern.

Die Überforderung der Staatsbürger drückt sich nicht nur in der gewaltig gestiegenen verbrieften Staatsschuld, der expliziten Verschuldung, aus. Es gibt auch eine immense implizite Verschuldung, die sich beispielsweise in den gewaltigen Pensionszusagen versteckt, die für Beamte des Bundes, der Länder, aber auch die Beamten der ehemaligen Staatsunternehmen Post und Bahn gemacht wurden. Jeder ordentliche Kaufmann weiß um die Notwendigkeit von Rückstellungen für zukünftige Ausgaben. In der Privatwirtschaft existiert deshalb traditionell das kaufmännische Rechnungswesen (Doppik), das diesen Vorsorgeaspekt bedarfsgerecht in der Bilanz abbildet. Die öffentliche Hand verzichtet auf Bundesebene bis heute auf die Einführung der Doppik, einige Bundesländer wie Hamburg und Hessen setzen hingegen bereits aktuell zunehmend auf die Kostentransparenz dieses in allen Unternehmen seit vielen Jahrzehnten bewährten Rechnungswesens.

Nach Schätzungen bewegt sich die implizite Verschuldung aus der Beamtenversorgung allein für die Bundesländer auf über 1,7 Billionen Euro.[13] Damit würde sich die heutige verbriefte Staatsschuld von 1,5 Billionen Euro mehr als verdoppeln. Auch die strukturelle Unterdeckung, die der demographische Wandel in der Kranken- und Pflegeversicherung verursachen wird, führt zu einem weiteren Anstieg der Staatsverschuldung. Und sollte es der Politik gelingen, die beschlossenen Reformen der Rentenversicherung aus der Agenda-2010-Ära wieder zurückzudrehen, vergrößert sich auch bei der Rente die bereits annähernd geschlossene Nachhaltigkeitslücke wieder empfindlich. Ein Alarmzeichen ist dabei die beschriebene Aussetzung des Riester-Faktors in den Jahren 2008 und 2009, die als strukturelle Ausgabenerhöhung der Rentenversicherung in die Zukunft weiterwirkt.

Jeder, der Steuern entrichtet, auch die vielen Nichtbeamten, haftet mit für die teuren Pensionen. Während heute im Durchschnitt der Bundesländer gut zehn Prozent aller Steuereinnahmen nötig sind, um für die Pensionskosten aufzukommen, steigt dieser Steueranteil in den nächsten Jahrzehnten auf bis zu zwanzig Prozent an. Welche anderen Staatsausgaben dafür gestrichen werden, mag sich jeder selbst ausmalen.

Wahrscheinlicher aber ist das Drehen an der Steuerschraube, weil das gutorganisierte Berufsbeamtentum die notwendigen Einschnitte mit Sicherheit zu verhindern weiß. Die Macht des Berufsbeamtentums lässt sich mit der beschriebenen letzten Erhöhungsrunde der Beamtenpensionen im Vergleich zu den Renten anschaulich belegen.

Viele Leistungen, die in der politischen Debatte vom Staat gefordert werden, treffen direkt unseren Geldbeutel. Wenn die Leistungen in der Pflegeversicherung ausgeweitet werden, dann tragen wir unseren Anteil, weil der Beitragssatz steigt. In der Krankenversicherung büßen wir seit Jahresbeginn 2009 für die strukturelle Reformunfähigkeit, weil künftig die Politik einen Einheitsbeitrag festsetzt, der für viele Versicherte zu deutlichen Beitragserhöhungen führt. In der Rentenversicherung werden die Arbeitnehmer spätestens im Jahr 2010 den Preis für die zweijährige Aussetzung des Riester-Faktors bezahlen. Die politische Wohltat für die Ruheständler kostet die Beitragszahler im kommenden Jahr womöglich die versprochene Beitragssenkung von 19,9 auf 19 Prozentpunkte.

Schauen wir uns den kompletten Beitragssatz zur

Sozialversicherung an, den unsere Eltern oder Großeltern vor fünfzig Jahren zu bezahlen hatten, dann
wird deutlich, welchen Preis wir für beständige Leis-
tungsverbesserungen im Falle der Arbeitslosigkeit, der
Krankheit, der Rente und der Pflege zu bezahlen hatten. Aus rund 20 Prozentpunkten Versicherungsbeiträ-
gen, die sich Arbeitnehmer und Arbeitgeber formal
teilen, die aber vollständig vom Arbeitnehmer zu verdienen sind, wurden bis heute mehr als 40 Prozentpunkte. Diese Verdopplung der Kosten für die soziale
Sicherung reduziert gleichzeitig die Nettoeinkommen
der Arbeitnehmer. Auch hier gilt der Grundsatz: Wer
bestellt, der bezahlt! Obwohl wir alle wissen, dass die
hohen Bruttoarbeitskosten in Deutschland die Achillesferse für unsere Volkswirtschaft sind, hat die Politik den strukturellen Kostenauftrieb in den kollektiven
Sicherungssystemen nicht im Griff. Bei Kranken- und
Pflegeversicherung werden die Kosten weiterhin deutlich steigen. Und ich muss kein Prophet sein, um vorauszusagen, dass der Gesamtbeitragssatz für die soziale Sicherung innerhalb der kommenden zehn Jahre
von knapp über 40 Prozentpunkten auf nahezu 45 Prozentpunkte steigen wird. Wie soll sich Leistung in der
offiziellen Wirtschaft noch lohnen, wenn die Abzüge
für die Sozialversicherung und die Steuern mit an Sicherheit grenzender Wahrscheinlichkeit weiter steigen
werden? Woher soll die so ersehnte Kaufkraftsteige-
rung kommen, wenn unsere Nettoeinkommen sinken,
obwohl die Bruttoeinkommen steigen?

Wir Bürger hegen, wie gezeigt wurde, gewaltige Illusionen. Die Politik unternimmt aber auch alles, um uns darin zu bestärken. Das Paradebeispiel lieferte der Bundestagswahlkampf 2005. Er startete mit dem «Projekt Ehrlichkeit» – doch am Ende hatte die Politik ihre Lektion gelernt.

ZWEITER TEIL

«Projekt Ehrlichkeit» – ein Lehrstück

2 + 0 = 3? Über Mehrwertsteuer und Wahlversprechen

Das Trauerspiel begann mit einem Paukenschlag: Als die Sozialdemokraten nach einer Serie von verheerenden Wahlniederlagen am 22. Mai 2005 schließlich auch die Regierungsmehrheit in ihrer alten Hochburg Nordrhein-Westfalen verloren, plädierte der Partei- und Fraktionsvorsitzende Franz Müntefering zur allgemeinen Überraschung noch am selben Abend für vorgezogene Bundestagswahlen. Es sollten vier hektische Wahlkampfmonate bis zum Wahlsonntag am 18. September 2005 folgen, in denen sich die Parteien programmatisch und strategisch neu positionierten.

Die rot-grüne Bundesregierung war in ihrer zweiten Amtsperiode bei großen Teilen der Bevölkerung massiv in Misskredit geraten, weil die Reformen der Agenda 2010 als sozialer Kahlschlag verstanden wurden. Vor allem die SPD litt am vermeintlichen Verlust ihrer sozialen Kompetenz. Die Grünen waren politisch abgemeldet, denn die SPD pflegte in wichtigen Fragen eher eine informelle Große Koalition mit der Union, die im Bundesrat über eine klare Veto-Mehrheit verfügte. Außerdem war Vizekanzler und Außenminister Joschka Fischer wegen der Visa-Affäre, die zu einem parlamentarischen Untersuchungsausschuss führte, im Frühjahr 2005 schwer angeschlagen.

Die Union hingegen wähnte sich, mit erstklassigen Umfrageergebnissen im Rücken, bereits auf der Regierungsbank. Die FDP war sicher, nach der Wahl als Partner einer schwarz-gelben Koalition zu fungieren. Und am linken Rand des Parteienspektrums wurde unter dem Druck der vorgezogenen Wahlen der Grundstein dafür gelegt, dass sich die westdeutsche SPD-Absplitterung WASG (Arbeit & soziale Gerechtigkeit – Die Wahlalternative) und die Linkspartei.PDS politisch verbündeten und schließlich zwei Jahre später formell zur Linkspartei fusionierten.

Bemerkenswert waren die Wahlprogramme der Parteien. Die Sozialdemokraten und vor allem die Grünen distanzierten sich bereits eindeutig von den in der eigenen Regierungszeit beschlossenen Reformen der Agenda 2010 und schütteten schon wieder ein Füllhorn neuer Leistungsversprechungen aus. Die FDP, aber auch die Union, traten erstaunlich reformfreudig auf: Der Katalog reichte von der Einschränkung des Kündigungsschutzes für Arbeitnehmer bis zur Einführung der Gesundheitsprämie (Kopfpauschale).

So kehrten sich die Rollen um: Während sich die damaligen Regierungsparteien programmatisch bereits wieder als Oppositionsparteien positionierten, trauten sich FDP und Union nach einem allseits erwarteten Wahlsieg eine Fortsetzung der unpopulären Agenda 2010 zu. Selbst die Ankündigung einer Mehrwertsteuererhöhung um zwei Prozentpunkte fand Eingang in das Wahlprogramm der CDU/CSU. Sie erklärte, damit den Beitragssatz in der Arbeitslosenversicherung reduzieren zu wollen, aber auch, die klammen öffentlichen Kassen von Bund und Ländern mit frischem Geld zu versorgen. Denn im Vorjahr 2004 hatten sich dort Rekorddefizite angesammelt. Die Linkspartei.PDS profilierte sich in vertrauter Manier als die Partei, die nicht nur alle sozialen Einschnitte rückgängig machen wollte, sondern proklamierte höhere staatliche Leistungen für alle und jeden.

Der Union wurden im Juni 2005 in manchen Umfragen fast 50 Prozent Stimmenanteil prognostiziert, während die SPD abgeschlagen bei unter 30 Prozent landete. Selbst die liberalen Leitmedien «Zeit» und «Spiegel» schmückten das Wahlprogramm der Union mit dem Attribut «Projekt Ehrlichkeit». Zumindest bis zum Beginn der heißen Wahlkampfphase machten sich die Christdemokraten mit der Hoffnung Mut, die Bürger würden Ehrlichkeit als Wert an sich honorieren.

Die zentrale Botschaft der politischen Konkurrenz «Alles wird teurer!» fiel jedoch auf fruchtbaren Boden im Wahlvolk. Immer verzagter agierten die Christdemokraten nun: Als Angela Merkel im August 2005 den Heidelberger Verfassungs- und Steuerrechtler Paul Kirchhof zum designierten Finanzminister ausrief, kehrte sich der anfangs so günstige Trend für die Union um. Was als Befreiungsschlag dienen sollte, weil Kirchhof als Fachmann für Steuerrecht und ehemaliger Verfassungsrichter in den gutsituierten bürgerlichen Milieus hoch angesehen war, entpuppte sich als denkwürdig schlecht vorbereitete und umgesetzte Personalie. Kirchhof wurde – nicht nur für Gerhard Schröder – mit seinem Steuerkonzept zur Inkarnation des Unsozialen: «dieser Professor aus Heidelberg», der angeblich mit der Abschaffung der bisher steuerfreien Schicht- und Nachtarbeitszuschläge die Steuersenkung für Millionäre finanzieren wollte.

Das Ergebnis dieser Wahlkampagne 2005 ist bekannt: Gerhard Schröder hätte die Union beinahe noch als stärkste Partei abgefangen. Mit 34,2 Prozent der Wählerstimmen lagen die Sozialdemokraten am 18. September nur noch einen Prozentpunkt hinter CDU und CSU. Entgegen allen Erwartungen hatten die Christdemokraten mit 3,3 Prozentpunkten nicht wesentlich weniger Stimmenverluste als die SPD mit 4,3 Prozentpunkten zu beklagen. Die Grünen verloren lediglich 0,4 Prozent, während sich die FDP über ein Plus von 2,5 und Die Linke über einen satten Zugewinn von 4,7 Prozentpunkten freuen durfte.

Die Auswirkungen dieses September-Wahlsonntags 2005 auf das politische Klima unseres Landes sind beträchtlich. Mit der letzten Bundestagswahl begann sich ein Fünfparteiensystem zu etablieren, das die vertrauten Zweier-Regierungskoalitionen zwischen einer kleinen und einer großen Partei immer schwieriger bis gar unmöglich macht. Diesen Aspekt beleuchte ich im letzten Abschnitt dieses Kapitels näher.

Die Union hat zwar bis heute nicht offen über die wahren Ursachen des damaligen Wahlkampf-Desasters diskutiert. Aber die Erklärung hinter vorgehaltener Hand war schnell formuliert: Wie konnten wir nur so dumm sein und die Wähler vor einer Wahl mit Steuererhöhungen konfrontieren? Und die zweite selbstkritische Frage aus Unionssicht: Warum hat Angela Merkel nicht den Wirtschafts- und Finanzpolitiker Friedrich Merz als designierten Finanzminister in ihr Kompetenzteam geholt?

Die Wahl führte machtpolitisch in die ungeliebte Große Koalition. Sie veränderte das Meinungsklima im Land zunächst langsam und dann in atemberaubender Geschwindigkeit. Die ab Mitte der neunziger Jahre beherrschenden Themen *Reform der sozialen Sicherungssysteme, demographischer Wandel, Deregulierung des Arbeitsmarktes* verschwanden zusehends aus der politischen, aber auch aus der gesellschaftlichen Debatte. Ein altes Mantra wurde wiederbelebt: Der Sozialstaat soll es richten. Oskar Lafontaine marschierte mit dieser Botschaft voran. Die Sozialdemokraten folgten anfangs zögerlich, bald mit fliegenden Fahnen. Angela Merkels Union überließ nach dem Wahldesaster die Wiederentdeckung der sozialen Frage nicht dem Koalitionspartner SPD, sondern strickte fleißig mit an der Mär vom guten alten starken Staat. Die Grünen refundamentalisierten sich in der Opposition, zumindest was die Programmarbeit ihrer Parteitage angeht, auch wenn die schwarz-grüne Machtoption inzwischen in Hamburg praktiziert und für den Bund angedacht wird. Selbst die FDP muss mehr soziale Wärme ausstrahlen, um nicht als kaltherziges neoliberales Fossil zu erscheinen. Und Die Linke profitiert seither bei allen Wahlen – auch im Westen – von der neuen alten linken Rhetorik, deren sich nun alle wieder bedienen: politische Parteien, Verbände jeglicher Couleur und nicht zuletzt die Medien. Mit der Finanzmarktkrise 2008 hat endgültig die Stunde der Staatsgläubigen geschlagen.

Aber zurück zur politischen Arithmetik: Wie konnten aus angekündigten zwei Prozent Mehrwertsteuererhöhung in der Großen Koalition letztlich drei Prozentpunkte werden? Schließlich war die SPD zahlenmäßig fast gleich starker Partner in der Regierung von Angela Merkel und hatte – zum Schaden der Union und zum eigenen Nutzen – im Wahlkampf erfolgreich gegen diese «Merkel-Steuer» Stimmung gemacht. Nach der Wahl mussten die Sozialdemokraten erkennen, was ihre eigenen Landesfinanzminister schon im Frühjahr ganz offen, aber nur in informellen Gesprächsrunden thematisiert hatten: Man kam um eine Mehrwertsteuererhöhung nicht herum. Die Lage der öffentlichen Haushalte war desaströs – wenn man kein unpopuläres Sparprogramm zu Beginn der Legislaturperiode auflegen wollte, musste man eben bei der ungeliebten Verbrauchssteuer ordentlich zulangen.

Und genau so geschah es. Die Union machte aus zwei angekündigten Prozentpunkten drei, weil die Sozialdemokraten den Mehrwertsteuerverzicht zwar im Wahlkampf predigten, aber als Regierungspartei dann lieber dem Motto huldigten: Wenn schon Mehrwertsteuererhöhung, dann aber richtig!

Die Moral ist offenkundig: Mit Opportunismus kann es einer Partei – selbst bei ungünstiger Ausgangslage – gelingen, die weitere Machtteilhabe zu sichern. Außerdem vergessen die Wähler erfahrungsgemäß den Betrug bis zur nächsten Wahl. Die – vielleicht unmoralische – Schlussfolgerung für die Christdemokraten könnte demnach lauten: Wähler, die Ehrlichkeit vor einer Wahl nicht durch ihre Stimmabgabe unterstützen, wollen im Wahlkampf ganz offenkundig belogen werden!

Wenn wir Bürger in künftigen Wahlkämpfen erneut von den Parteien mit wohlfeilen Versprechungen versorgt werden, wenn Wahrhaftigkeit nicht zu zählen scheint, dann müssen wir uns dafür also bei uns selbst bedanken.

Sozial statt neoliberal!
Das Meinungspendel schlägt nach links aus

Betrachtet man das Lehrstück von 2005 im größeren Zusammenhang, ist ein vertrauter Mechanismus zu erkennen: Das gesellschaftliche Meinungsklima unterliegt starken zyklischen Schwankungen. Auf Entwicklungen in die eine Richtung folgt so gut wie immer eine Korrektur, die das Pendel in das andere Extrem ausschlagen lässt.

In Deutschland kamen wirtschaftsliberale Reformen während der vergangenen drei Jahrzehnte in zwei Wellen. Die erste Reformwelle, die unter dem Motto *Weniger Staat! Privatisierung und Deregulierung, aber auch Konsolidierung der öffentlichen Haushalte!* stand, kulminierte 1982 im erfolgreichen Misstrauensvotum gegen den damaligen SPD-Kanzler Helmut Schmidt und im Seitenwechsel der FDP zur Union. Im vorausgegangenen sozialliberalen Jahrzehnt hatte die Politik in Deutschland systematisch die Grenzen der ökonomischen Belastbarkeit getestet, wie es Jochen Steffen, linker Sozialdemokrat aus Kiel, damals formuliert hatte. Die Staatsquote am Bruttoinlandsprodukt war binnen eines Jahrzehnts um mehr als zehn Prozentpunkte gestiegen, die Staatsverschuldung im Zuge der kreditfinanzierten Konjunkturprogramme ebenso. Arbeitslosigkeit und Inflation kletterten in bis dahin nicht gekannte Höhen.

In Wirtschaft, Medien und Gesellschaft drangen zunehmend jene Stimmen durch, die mehr ökonomische Vernunft von der Politik forderten. Das «Konzept für eine Politik zur Überwindung der Wachstumsschwäche und zur Bekämpfung der Arbeitslosigkeit», das damals im FDP-geführten Wirtschaftsministerium in Bonn entworfen wurde und später als Lambsdorff-Papier in die politische Geschichte der Bundesrepublik einging, enthielt eine Globalkritik an der Wirtschafts-, Finanz- und Sozialpolitik der sozialliberalen Ära. In den ersten Jahren nach dem Regierungswechsel wurde dann von der neuen CDU/FDP-Koalition unter Helmut Kohl eine vorsichtige Reformpolitik eingeleitet, die sich vor allem in einer Steuerentlastung der Bürger bei gleichzeitiger Begrenzung der staatlichen Ausgaben niederschlug. Die Haushaltsdefizite gingen unter Finanzminister Gerhard Stoltenberg deutlich zurück, die Staatsquote sank binnen sechs Jahren um rund sieben Prozentpunkte.

Doch der Erfolg machte schnell wieder nachlässig. Für eine strukturelle Reform der Sozialsysteme fehlte auch der konservativ-liberalen Koalition der Mut. Die Arbeitslosigkeit wurde zu Lasten der Renten- und Arbeits-

losenversicherung bekämpft, indem in gigantischem
Ausmaß Versicherungsbeiträge verwendet wurden, um
ältere Mitarbeiter aus den Betrieben herauszukaufen.
Norbert Blüms Ansage *Alte raus, Junge rein!* stand als
politisches Motto über dieser sündhaft teuren Veranstaltung. Die Zeche bezahlen wir bis heute, weil diese
Politik die Bruttoarbeitskosten strukturell erhöht und
die Nettolöhne entsprechend gesenkt hat.

Schon vor der Wiedervereinigung, die im Herbst
1989 mit dem Fall der Mauer eingeleitet wurde, waren
die guten Ansätze einer echten Reformpolitik auch in
der schwarz-gelben Koalition bereits wieder unter die
Räder geraten. Entsprechend schlimm waren die Konsequenzen nach der im Jahr 1990 vollzogenen Wiedervereinigung. Weil das üppige westdeutsche Sozialsys-
tem, das den Faktor Arbeit systematisch zum Lastesel
unserer Volkswirtschaft degradierte, ohne Struktur-
reformen auf die neuen ostdeutschen Bundesländer
übertragen wurde, kam das, was kommen musste: Die
Wiedervereinigung führte zu einer gewaltigen Erhöhung der Arbeitskosten. Die Sozialabgaben stiegen innerhalb weniger Jahre um rund sieben Prozentpunkte.
Die Staatsverschuldung erreichte ein neues Rekordni-
veau. Siebzehn Millionen Bürger der untergegangenen
DDR in kürzester Zeit in das dichtmaschige westdeutsche soziale Netz zu integrieren, überforderte selbst die
reiche Bundesrepublik.

Oskar Lafontaine hatte als Kanzlerkandidat der
SPD im Bundestagswahlkampf 1990 für Steuererhöhungen geworben, um die Kosten der Wiedervereini-

gung aufbringen zu können. Helmut Kohl und seine Union lehnten das entschieden ab. Der Kanzler der Einheit prägte stattdessen das geflügelte Wort von den «blühenden Landschaften» im Osten: «Durch eine gemeinsame Anstrengung wird es uns gelingen, Mecklenburg-Vorpommern und Sachsen-Anhalt, Brandenburg, Sachsen und Thüringen schon bald wieder in blühende Landschaften zu verwandeln, in denen es sich zu leben und zu arbeiten lohnt.» Dieser Kanzler-Euphemismus der «einen gemeinsamen Anstrengung» verleitete viele Wählerinnen und Wähler in der Zeit der Wiedervereinigungs-Euphorie dazu, die Kosten hierfür komplett auszublenden.

Die politischen Folgen jenes Wahlkampfs sind bekannt. Die Union errang fast 44 Prozent der Stimmen, die SPD fuhr mit 33,5 Prozent ihr schlechtestes Ergebnis bei einer Bundestagswahl seit 1957 ein. Die volkswirtschaftlichen Konsequenzen sind ebenfalls bekannt: Die Arbeitskosten explodierten, die Nettolöhne für die breite Masse stagnierten mehr als ein Jahrzehnt lang. Die Arbeitslosigkeit stieg zwischenzeitlich auf über fünf Millionen. Die Überschuldung wurde zum Markenzeichen der öffentlichen Haushalte. Und das reiche wiedervereinigte Deutschland fiel über Jahre hinweg in allen wirtschaftspolitischen Rankings immer weiter zurück.

Parallel zu diesem Realitätsschock der deutschen Volkswirtschaft erhoben sich in der gesellschaftspolitischen Diskussion abermals die Stimmen der Reformer. Helmut Kohl wurde zu Recht immer stärker als Kanzler der unterbliebenen Sozialstaatsreformen attackiert. Knapp schaffte er 1994 noch einmal den Wahlsieg über seinen SPD-Herausforderer Rudolf Scharping. Die gesellschaftliche Debatte über die Folgen des demographischen Wandels begann ab Mitte der neunziger Jahre. Eine Reform der Altersversorgung und der Kranken- und Pflegeversicherung schien den Meinungsführern in Wirtschaft, Politik und Medien unabdingbar.

Die Regierung Kohl reagierte darauf erst in ihrer letzten Legislaturperiode – mit dem demographischen Faktor in der Rentenversicherung. Außerdem sollte eine große Einkommensteuerreform den Zugriff des Staates auf die Einkommen der Steuerpflichtigen mindern. Der demographische Faktor, der einen Abschlag auf künftige jährliche Rentenerhöhungen bewirkt hätte, erlangte zwar noch Gesetzeskraft, wurde aber nie umgesetzt, weil die Opposition mit ihrem Kampf gegen die «Rentenkürzung» beim Wahlvolk erfolgreich punkten konnte und nach dem Wahlsieg im Herbst 1998 diesen «sozialen Einschnitt» wieder aufhob. Das Steuerentlastungspaket scheiterte schon an der damaligen SPD-Mehrheit im Bundesrat – unter der Federführung eines gewissen Oskar Lafontaine, Ministerpräsident des kleinen Saarlandes.

Mitte der neunziger Jahre tauchte erstmals die bis dahin wenig gebräuchliche Vokabel *neoliberal* auf, mit der überzeugte Marktwirtschaftler diffamiert wurden. Vor allem im Gewerkschaftsumfeld und in der PDS wurde der Begriff «neoliberal» systematisch als Schmähwort gegen all jene benutzt, die für die Notwen-

digkeit von Einschnitten in das soziale Besitzstands-
denken plädierten. Selbstverständlich richtete sich die
Kritik in erster Linie an die FDP und ihre vermeintlich
marktradikale Positionierung. Aber auch den Unions-
fraktionschef Friedrich Merz traf der Bann. Selbst die
CDU-Vorsitzende Angela Merkel, die in den letzten Op-
positionsjahren die Union auf einen eher wirtschafts-
liberalen Reformkurs orientierte, der im Leipziger
Bundesparteitag 2003 mit seinen Beschlüssen für ein
radikales Steuerreformpaket und die Gesundheitsprämie gipfelte, provozierte den Generalvorwurf des Neoliberalismus.

An dieser Stelle erscheint mir ein kleiner Exkurs
über die historische Herkunft des Begriffs sinnvoll. In
Deutschland hat in den dreißiger und vierziger Jahren
des letzten Jahrhunderts vor allem der Freiburger Nationalökonom Walter Eucken die «neoliberale» Ordnungs-
ökonomik begründet («Freiburger Schule»), die praktisch zur wissenschaftlichen Grundlage für Ludwig
Erhards spätere Politik der sozialen Marktwirtschaft
wurde. Eucken positionierte sich damals gegen den
Liberalismus im Sinne eines «Laissez-faire-Kapitalis-
mus», wie er Jahrzehnte später von Margaret Thatcher
in Großbritannien und Ronald Reagan in den USA zum
wirtschaftspolitischen Credo erhoben wurde. Aber er
wandte sich auch gegen eine interventionistische Wirt-
schaftspolitik im Sinne des britischen Ökonomen John
Maynard Keynes und lehnte fortwährende Eingriffe
des Staates in den Wirtschaftsablauf ab: Subventionen
etwa, aber auch eine Konjunktursteuerung mittels ei-

ner (heute wieder populären) keynesianischen Nachfragepolitik.

Allerdings wollte Eucken die Wirtschaft keineswegs sich selbst überlassen, wie es der Marktradikalismus predigt. Der Staat müsse einen funktionsfähigen und menschenwürdigen Ordnungsrahmen setzen, um fairen marktwirtschaftlichen Wettbewerb zu gewährleisten. Ansonsten tendiere eine ungezügelte Wirtschaft dazu, den Wettbewerb mit Hilfe von Kartellen und Monopolen auszuschalten.

Der Begriff «Neoliberalismus» in der heutigen Verwendung hat also wenig bis gar nichts mit der Begrifflichkeit der Freiburger Schule zu tun. Allerdings ist das Stigma «Neoliberalismus» in der politischen Diskussion mittlerweile ein sinnentleertes Totschlagsargument gegen alle, die unsere heutigen Sozialsysteme aufgrund von demographischer Entwicklung und Globalisierung für nicht mehr langfristig tragfähig halten. Das Etikett «neoliberal» haftet ebenso der gesamten rot-grünen Agenda 2010 an, die in der Wahrnehmung der breiten Öffentlichkeit fast untrennbar mit dem Begriff «Hartz IV» verknüpft ist.

Dieser Konjunkturzyklus der öffentlichen Meinung, die mal der Staatsgläubigkeit huldigt und dann wieder auf mehr Marktwirtschaft setzt, zeichnet sich durch einen fatalen Wirkungsmechanismus aus: In aller Regel sind die Phasen der Staatsgläubigkeit viel ausgeprägter als die Zeiten, in denen die Überforderung des Staates, die letztlich seine Bürger zu bezahlen haben, beklagt wird. In den kostspieligen staatsgläubigen

Zeiten öffnet die Politik – egal welcher Couleur – gern die Schleusen der öffentlichen Ausgaben. Immer neue Dauerleistungen des Staates werden gesetzlich festgeschrieben. Zur Stützung der Konjunktur sollen neue Investitionsprogramme her, die sich nur über Kredite finanzieren lassen. Schutzschirme werden über dem Bankensystem aufgespannt, milliardenschwere Subventionen für einflussreiche Interessengruppen ausgeschüttet.

Teure und dauerhafte Fakten schafft die Politik in der Regel in der staatsgläubigen Phase. Und Staatsgläubigkeit steht in der Bundesrepublik immer für eine Ausweitung des Sozialstaats. Genau umgekehrt verhält es sich in den wirtschaftsfreundlichen, «neoliberalen» Zeiten: Über viele Jahre hinweg werden zwar Reformdebatten geführt, jedoch eher marginale Reformen auf den Weg gebracht. Einschnitte in private Besitzstände beschwören hartnäckigsten Widerstand herauf und sind – wenn überhaupt – nur in sehr abgeschwächter Form politisch durchsetzbar.

Tragisch an diesem Mechanismus ist, dass viele Bürger irgendwann der immerwährenden Reformdebatten müde sind. Weil die Länge der Debatte gern mit tatsächlich umgesetzter Reformpolitik verwechselt wird, beklagt man zudem häufig das vermeintliche Scheitern ebenjener Reformkonzepte. Eine wirtschafts- und sozialpolitische Reformagenda, die lediglich in Ansätzen verwirklicht werden konnte, wird so für ihr eigenes Scheitern verantwortlich gemacht.

Bilanziere ich als Finanzpolitiker diesen Mechanismus, dann komme ich zur einfachen Schlussfolgerung: In keiner Reformphase haben wir es in Deutschland geschafft, das Staatsbudget nachhaltig zu sanieren. Die Mehrausgaben der freigebigen Politik konnten in den Phasen der Konsolidierung niemals wieder eingesammelt werden. Das lässt sich fast lehrbuchhaft an der Politik der vergangenen Legislaturperiode ablesen.

Lafontaine ante portas:
Sinnvolle Reformgesetze werden kassiert

Das Projekt einer gesamtdeutschen linken Partei hat mit seiner westdeutschen Galionsfigur Oskar Lafontaine bei der Bundestagswahl 2005 den entscheidenden Durchbruch geschafft. Im Rückblick erwies sich ebendiese Bundestagswahl als der historische Katalysator für die erfolgreiche Westausdehnung der PDS-Erben. Noch im Jahr 2002 war die PDS mit vier Prozent Zweitstimmenanteil klar an der Fünf-Prozent-Klausel gescheitert. Lediglich zwei direkt gewählte Wahlkreisabgeordnete waren im Berliner Reichstag vertreten. Doch dann nutzte der ehemalige saarländische Ministerpräsident Lafontaine die Gunst der Stunde. Der frühere SPD-Vorsitzende verließ Ende Mai 2005 die Sozialdemokraten und trat knapp drei Wochen später in die WASG, einen Vorläufer der heutigen Partei Die Linke, ein. Mit dieser Personalie und dem Wahlbündnis von WASG und Linkspartei wurde der von vielen bereits als ostdeutsche Regionalpartei abge-

143

schriebenen PDS-Nachfolgerin ein neues Leben einge-
haucht.

Alarmierend für das politische Establishment
musste nicht nur die bundesweite Zweitstimmenaus-
zählung am 18. September 2005 wirken, bei der die
Linkspartei ihr Ergebnis von 2002 mit 8,7 Prozent
mehr als verdoppelt hatte. Wie eine Bombe schlug
der Wahlausgang im Saarland ein, wo die Linkspartei –
vor allem zu Lasten der SPD – ihren Wähleranteil von
1,4 Prozent im Jahr 2002 auf 18,5 Prozent verdreizehn-
fachen konnte.

Damit war eine Dynamik eingeleitet, die 2007 mit
der formellen Gründung der neuen gesamtdeutschen
Partei Die Linke abgeschlossen wurde und ihr bis heute
zum Einzug in vier westdeutsche Landesparlamente
(Bremen, Hamburg, Niedersachsen und Hessen) ver-
holfen hat. Allein der Sprung in den Bayerischen Landtag scheiterte bisher. Man muss kein Prophet sein, um
vorauszusagen, dass Die Linke bei der saarländischen
Landtagswahl 2009 ein ausgezeichnetes Ergebnis erzielen wird. Schließlich kann der Lokalmatador Lafontaine in seiner Heimat die aktuelle antikapitalistische
Grundstimmung in der Bevölkerung bestens bedienen,
und der Urnengang findet nur wenige Wochen vor der
Bundestagswahl statt. Auch wenn die ersten machtpo-
litischen Blütenträume der Linken in Westdeutschland
mit dem Scheitern eines von ihrer Partei tolerierten rot-
grünen Bündnisses in Hessen zerplatzt sind: Mit ihr
wird programmatisch und machtstrategisch weiterhin
zu rechnen sein.

Denn Honig saugt Die Linke vor allem aus einem Meinungsklima, das sich aus der diffusen Angst vor den Folgen der Globalisierung speist. Die sozialen Standards unserer saturierten Volkswirtschaft geraten immer stärker unter Druck, da wir uns angesichts der internationalen Arbeitsteilung längst mit anderen Wirtschaftsräumen messen müssen, die ebenfalls gute Qualität an Gütern und Dienstleistungen anbieten – allerdings zu wesentlich niedrigeren Preisen. Marktabschottung kann sich Deutschland nicht leisten, weil es seinen Reichtum zu einem erheblichen Teil der Exportwirtschaft zu verdanken hat, die ihrerseits wiederum auf einen ungehinderten Marktzugang in anderen Ländern angewiesen ist. Die Alterung unserer Gesellschaft tut ein Übriges, um die überwiegend im Umlageverfahren finanzierten sozialen Sicherungssysteme laufend zu verteuern. Da die Mittel für diese Absicherung weitgehend über lohnbezogene Beiträge aufgebracht werden, treiben höhere Sozialabgaben die Arbeitskosten noch mehr in die Höhe. Fatal für ein Land, das in einem weltweiten Preis- und Leistungswettbewerb mit jungen, bildungshungrigen und dynamischen Wirtschaftsregionen steht.

Im Kern war die Agenda 2010 von Gerhard Schröder nichts anderes als der Versuch, den Einkommensabstand zwischen Arbeitslosen und Geringqualifizierten, die ihr Geld auf dem ersten Arbeitsmarkt verdienen, wieder zu vergrößern. Die Einschnitte in die Rentenformel dienten wiederum dazu, die Kostenexplosion für die Beitragszahler zu begrenzen. Auch die Rentnergeneration sollte die Lasten der demographischen Alterung durch eine verringerte Erhöhungsdynamik bei den Rentenzahlungen mittragen.

Fast alle Programmschwerpunkte, die von der Partei Die Linke seit Jahren thematisiert werden, sind mittlerweile tendenziell Mainstream in unserer Gesellschaft. Die Rente mit 67 wird von Wählern aus allen politischen Lagern ebenso abgelehnt wie die kürzere Bezugsdauer von Arbeitslosengeld für langjährig Versicherte. Die Verstaatlichung von Teilen der Industrie – vor allem der Energieunternehmen, aber auch der Banken – ist inzwischen mehrheitsfähig bis hinein in die Wählerschaft der Union. Die Angst vor dem eigenen Absturz in die Arbeitslosigkeit lässt gerade die Mittelschichten große Sympathien für hohe Sozialtransfers und Mindestlöhne hegen. Und natürlich ist auch der von der Linken geforderte Abzug der Bundeswehr aus Afghanistan in der Bevölkerung populär.

Diese Mischung aus gesellschaftlicher Meinungsführerschaft der Linken und einer gefährlichen politisch-strategischen Machtkonstellation erschwert das Regieren mit den in Deutschland über Jahrzehnte vertrauten Zweier-Koalitionen aus einer Volks- und einer kleinen Partei. Daraus erklärt sich, warum die mit übergroßen parlamentarischen Mehrheiten beschlossenen Reformgesetze der Agenda 2010 in den vergangenen drei Jahren mit zunehmender Beschleunigungstendenz rückabgewickelt wurden. Anstatt der Verklärung des Sozialstaats der siebziger Jahre mit schlüssigen Argumenten zu begegnen, begann schon bald nach den

Wahlen ein Wettlauf um ein sozialeres Image für die von den Linken gern als «neoliberal» stigmatisierten Parteien. Die Sozialdemokraten taten sich dabei anfangs noch schwerer als Teile der Christdemokraten, zumal die Agenda 2010 schließlich von einem SPD-Kanzler verkündet worden war, holten aber rasch auf.

Die Bezugsdauer von Arbeitslosengeld wurde wieder verlängert, weil die Mehrheit der Bevölkerung diesen Schutzschirm über gekündigten Arbeitnehmern gar nicht lange genug aufgespannt sehen will. Dass dies jedoch eher das Gegenteil bewirkt, zeigt der Zusammenhang zwischen Langzeitarbeitslosigkeit und Bezugsdauer von Arbeitslosengeld. In Ländern mit geringerer Bezugsdauer sind die Menschen deutlich kürzer arbeitslos als in Deutschland. Und mit der Umsetzung der Agenda 2010 reduzierte sich, wie beschrieben, auch in Deutschland die Zahl der registrierten Arbeitslosen in der Gruppe der über Fünfzigjährigen überdurchschnittlich. Doch Fakten scheinen nicht zu zählen, wenn individuelles Sicherheitsdenken im Vordergrund steht und die politische Konkurrenz von links diese Sehnsucht mit falschen Lösungsansätzen populistisch bedient.

In der Krankenversicherung wählte die Große Koalition eine Finanzierungslösung, die den Anstieg der Lohnzusatzkosten noch beschleunigt. Denn der Gesundheitsfonds, der faktisch einen Einheitsbeitrag für alle gesetzlichen Krankenversicherungen bewirkt, hat mit Jahresbeginn für Millionen Versicherte den Beitragssatz auf einheitlich 15,5 Prozent erhöht. Obwohl die Union jahrelang zu Recht die Fehlfinanzierung der Sozialsysteme über den Faktor Arbeit beklagt und einer Entkoppelung durch eine Prämienlösung das Wort geredet hat, trägt sie jetzt als Regierungspartei ein Modell mit, das das genaue Gegenteil bewirkt. Bei der Pflegeversicherung sind zwar die Ausgaben aufgrund der Ausweitung des Leistungskatalogs und einer Dynamisierung der Leistungen strukturell erhöht worden, aber eine Reform der Finanzierung unterblieb. Deshalb stiegen auch hier die Beitragssätze – mit allen negativen Folgen für die Arbeitskosten.

In der Steuerpolitik verprasste man die satte Mehrwertsteuererhöhung des Jahres 2007 dafür, die Einnahmen des Staates zu steigern, anstatt die Staatsausgaben zu begrenzen. Dies wurde auch noch als Konsolidierung verkauft. Dabei war eine stärkere Steuerfinanzierung der Sozialkassen schon fast einmal Konsens in den unterschiedlichsten politischen Lagern. Wie wollen wir künftig beispielsweise die Krankheitskosten von Kindern abdecken, die nach fast einhelliger Auffassung nicht aus dem Versicherungssystem, sondern mit Steuermitteln finanziert werden sollten? Oder wie wollen wir der lautstarken Forderung der gesellschaftlichen Mitte nach Senkung der viel zu hohen Grenzsteuersätze bei der Lohn- und Einkommensteuer nachkommen, wenn wir nicht die indirekten Steuern (Verbrauchssteuern) erhöhen, um die direkte Steuerlast auf dem Faktor Arbeit zu verringern? Dieser Systemwechsel in der Steuerpolitik – Erhöhung der indirekten Steuern, dafür aber Senkung der direkten Steuern – ist durch die Fehlverwendung der letzten Mehrwertsteuererhöhung massiv diskreditiert worden.

Inzwischen klingen die Vertreter der bürgerlichen Parteien sogar schon in den Fernsehdebatten wie Resonanzverstärker der Meinungshegemonie der Linken. Das Ende des Kapitalismus wird ausgerufen, weil der Markt ja bewiesen habe, dass er es allein nicht richten könne. Die gewachsene Skepsis großer Teile der Bevölkerung gegenüber der sozialen Marktwirtschaft wird in der Finanzmarktkrise noch systematisch verstärkt. Von links bis rechts – alle setzen sie auf mehr Staat.

Spätestens bei diesem kollektiven Ruf der Politiker nach mehr Staat sollten sich die Bürger aber der Risiken bewusst sein: Bezahlt wird der staatliche Schutzschirm über den Banken oder den Arbeitsplätzen immer von den Steuerzahlern. Obwohl wir in den vergangenen zehn Jahren in der deutschen Finanzpolitik fast unwidersprochen den Lehrsatz kultiviert haben, dass die Schulden von heute die Steuererhöhungen von morgen sind, wetteifern Union und SPD um die üppigsten kreditfinanzierten Programme zur Rettung der globalen Finanzwelt und der nationalen Konjunkturentwicklung. Sind alle Dämme längst gebrochen, ist der Fluch der teuren Staatsgläubigkeit noch zu stoppen?

Dabei konnten wir in den USA anschaulich beobachten, wie sich eine verheerende Finanzpolitik auswirken kann. Zu Beginn seiner Amtszeit hatte George W. Bush einen *Haushaltsüberschuss* von 250 Milliarden Dollar geerbt. Acht Jahre später beträgt das *Defizit* seines letzten Haushaltsjahres knapp 500 Milliarden Dollar. Diese Erblast wird seinem Nachfolger Barack Obama wie ein Mühlstein um den Hals hängen. Auch in Deutschland verschieben derzeit nahezu alle politischen Lager das Ziel schuldenfreier öffentlicher Haushalte wieder in die Zukunft. Das Versprechen eines ausgeglichenen Bundeshaushalts im Jahr 2011 klingt heute wie eine Geschichte aus einer anderen Zeit.

Anything goes: Das Fünfparteiensystem führt zu neuer Beliebigkeit

Die Sehnsucht der Bürger nach überparteilicher Zusammenarbeit ist immer dann besonders ausgeprägt, wenn zuvor jahrelanger unerquicklicher Streit den politischen Alltag dominiert hat. Das gilt vor allem, wenn sich unterschiedliche Mehrheiten im Bundestag und im Bundesrat bei wichtigen Gesetzesvorhaben wechselseitig lähmen. In der letzten Legislaturperiode von Helmut Kohl zum Beispiel konnten die Sozialdemokraten mit ihrer Mehrheit im Bundesrat die Petersberger Steuerbeschlüsse der konservativ-liberalen Bundesregierung verhindern, während in der zweiten rot-grünen Regierungszeit die Union faktisch die Länderkammer beherrschte.

Eine ganz erstaunliche politische Inszenierung war im Jahr 2003 zu beobachten. Obwohl damals alle Parteien bei der Reformpolitik an einem Strang zogen, wurde der Bundesrat für Schaukämpfe zwischen den politischen Lagern missbraucht. Union und FDP wollten grundlegende Reformen des Sozialstaats. Weil die rot-grüne Agenda 2010 aus der Sicht der damaligen Oppositionsparteien in die richtige Richtung ging, war sie zustimmungsfähig. Doch das durften Union und FDP nicht laut sagen, weil Politiker und Wähler in unserem Land eine Grundregel verinnerlicht haben: Lobe nie Konzepte der Konkurrenz, sondern kritisiere sie in Grund und Boden! Politische Eintracht, sosehr sie auch von der Bevölkerung und vielen meinungsbildenden Journalisten scheinbar herbeigesehnt wird, wirkt in der Realität offenkundig suspekt, weil die Parteien dann ja ununterscheidbar werden. Fast skurril mutete in jenen Tagen das Bemühen von Sozialdemokraten und Grünen an, ihre notwendigen Einschnitte in das soziale Netz dadurch verbrämen zu wollen, indem sie lautstark vor dem Abbau des Sozialstaats durch die Union warnten.

Mit Ausnahme der Linkspartei, die den «neoliberalen Mainstream» damals als faktisch außerparlamentarische Opposition – mit nur zwei verbliebenen Abgeordneten im Deutschen Bundestag – geißelte, existierte eine überparteiliche Reformkoalition, die allerdings gemeinsam auf Kollisionskurs zum Wähler ging. Die Bevölkerung wollte ihre sozialen Besitzstände behalten, bei der Rente etwa oder bei der Beibehaltung der Arbeitslosenhilfe, und verweigerte sich den erforderlichen Veränderungen – im Gegensatz zur reformwilligen Allparteienkoalition. Und diese Allparteienkoalition vollführte genau deshalb einen Veitstanz des vermeintlichen politischen Konflikts, der sich mit brachialer Rhetorik durch alle öffentlichen Debatten zog. Der Ton – vom Parlament bis zur politischen Talkshow – war laut, auf systematische Täuschung angelegt und sorgte für gewaltigen Missmut in der Öffentlichkeit. Jene Zeit war übrigens auch die Hochphase der auf Krawall gebürsteten politischen Unterhaltungssendungen im Fernsehen.

Paradoxerweise reagierte das Wahlvolk auf diese Inszenierung eines Lagerwahlkampfs mit dem Wunsch nach einer Großen Koalition. Für viele Bürger manifestierte sich in dieser von den Parteien ungeliebten Machtkonstellation der Zwang zur überparteilichen Zusammenarbeit. Die Bundestagsmehrheit sollte nicht mehr von einer andersfarbigen Bundesratsmehrheit blockiert werden können und Union und SPD ihre Energie auf gemeinsame Lösungen konzentrieren, statt sich in einem lähmenden Dauerstreit aufzureiben. Die faktische Große Koalition, die zu Zeiten der Agenda-2010-Beschlüsse in Deutschland bestand, war der Bevölkerung vor lauter Ärger über die unpopulären Gesetze entgangen. Dabei wären sie nie in Kraft getreten, wenn der Bundesrat sie nicht hätte passieren lassen.

Die förmliche Große Koalition verstörte anfangs die Bürger deutlich weniger als die politischen Akteure. Ohne den Einzug der Linkspartei als viertstärkste Fraktion in den Bundestag, noch vor den Grünen, hätten sich Christ- wie Sozialdemokraten diese Zwangsehe nicht angetan. Natürlich existieren in einem Fünfparteiensystem (eigentlich sind es sogar sechs Parteien, wenn man die CSU als bayerische Regionalpartei von der Schwesterpartei CDU separiert) noch andere Macht-konstellationen als die Große Koalition. Wer kennt sie nicht, die Standardfloskel aller parlamentarischen Demokratie-Theoretiker: *Prinzipiell sind alle demokratischen Parteien miteinander koalitionsfähig.*

Dieser theoretische Anspruch lässt sich jedoch nicht leicht mit Leben füllen, wenn Politiker und Bürger seit Jahrzehnten den Lagerwahlkampf gewohnt sind. Da die Parteien selbst in Zeiten der inhaltlichen Kongruenz grundsätzlichen parteipolitischen Dissens heucheln mussten, wirkt im Nachhinein die nach der Bundestagswahl diskutierte Ampelkoalition wie ein Modell aus einer anderen Welt.

Gleiches gilt für die Jamaika-Koalition aus Union, FDP und Grünen, die ich der Großen Koalition gern vorgezogen hätte. Die Grünen sind schließlich im Kern ihrer Wählerschaft eine bürgerliche Partei, die mit der FDP um eine ähnliche Klientel wetteifert. Beide Parteien spüren diese personelle und programmatische Überschneidung – und fürchten sie zugleich. Deshalb war für die grüne Parteiseele der Ausgang der letzten Bundestagswahl ein Segen. Endlich konnten hauptberufliche und ehrenamtliche Funktionäre ihre Sehnsucht nach Fundamentalopposition ausleben. Und dagegen war kein Jamaika-Kraut gewachsen. Erst zweieinhalb Jahre später sollte die erste schwarz-grüne Koalition auf Länderebene in Hamburg Wirklichkeit werden.

Die FDP, die sich bis kurz vor der Wahl sicher sein konnte, nach sieben Jahren Machtabstinenz wieder Regierungspartei zu werden, fiel aus allen Wolken. Selbst

Guido Westerwelle registrierte bei der Analyse des sehr starken FDP-Ergebnisses (9,8 Prozent), dass viele Zweitstimmen aus dem Unionsmilieu geliehen waren. Um den Vorwurf des Wählerbetrugs nach einem harten Lagerwahlkampf erst gar nicht aufkommen zu lassen, erfolgte prompt die liberale Absage an eine Ampelkoalition mit der SPD und den Grünen.

Die rechnerische Mehrheit im Deutschen Bundestag, über die Sozialdemokraten, Linkspartei und Grüne seit September 2005 verfügen, konnte sich machtpolitisch nicht manifestieren. Die SPD hoffte zum damaligen Zeitpunkt darauf, die Westausdehnung der Linkspartei dadurch zu stoppen, dass sie sich programmatisch wieder «sozialisiert» und als traditionsreichste deutsche Partei des sozialen Gewissens neu positioniert. Außerdem wird die Sozialdemokratie niemals mit einer Partei auf Bundesebene eine Koalition eingehen, deren Fraktions- und Parteivorsitzender Oskar Lafontaine heißt. Der sozialdemokratische Stolz kann dem früheren Parteivorsitzenden der SPD dessen Feldzug gegen seine eigene Partei nicht vergessen.

Somit war die vom politischen Establishment als «Notlösung» eingestufte Große Koalition die einzige praktikable Machtkonstellation. Das Fünfparteiensystem hat sich bei verschiedenen Landtagswahlen in den letzten Jahren verfestigt. Deshalb spielen die Parteistrategen aller Lager längst sämtliche denkbaren Modelle durch. Weil die im Volk ursprünglich vorhandene Hoffnung auf die Lösungskompetenz einer Großen Koalition inzwischen einer verbreiteten Ablehnung dieser Machtoption gewichen ist, suchen die Politiker die neue Beliebigkeit. Wenn Parteien durch die Entscheidungen des Souveräns gezwungen werden, von den vertrauten Lagerlösungen Abschied zu nehmen, dann müssen auf jeden Fall die schärfsten Profilunterschiede in der Programmatik abgeschliffen werden. Schließlich weiß man nie, ob man nicht gezwungen sein wird, aus Gründen der Machtbeteiligung in einer Dreierkoalition von vielen hehren Forderungen Abschied zu nehmen.

Und das Abschiednehmen fällt bekanntlich leichter, wenn die programmatischen Unterschiede schon vorab geschmeidiger formuliert werden. Man erinnere sich nur an die scharfe Ablehnung des Kohlekraftwerks Moorburg durch die Grünen im Hamburger Bürgerschaftswahlkampf. Dann kam es zur ersten schwarz-grünen Koalition mit dem als «Kohle von Beust» gescholtenen Ersten Bürgermeister. Und die zuständige grüne Senatorin musste nach gut hundert Tagen Regierungszeit einräumen, dass Moorburg rechtlich nicht zu verhindern sei. Die grüne Basis zeigte zwar Verständnis und bejahte bei einem Parteitag die Fortsetzung der Koalition. Aber ganz sicher wird diese Erfahrung dazu beitragen, programmatische Hürden niedriger zu legen, um nicht im Fall einer Regierungsbeteiligung des Wortbruchs geziehen zu werden.

Alle Parteien werden aus reinem Machtopportunismus künftig vor der Wahl Festlegungen für eine Regierungsbeteiligung möglichst vermeiden. Wer eine Machtkonstellation vor der Wahl kategorisch ausschließt, um sie nach der Wahl doch noch durchzusetzen, kann den größtmöglichen Schadensfall riskieren. Das im November 2008 gescheiterte hessische Projekt einer rot-grünen Minderheitsregierung unter Tolerierung der Linkspartei hat dies deutlich gezeigt.

Der Taktschlag des politischen Opportunismus, der ohnehin schon lange den Politikbetrieb beherrscht, ist infolge der Bundestagswahl 2005 und der Landtagswahlen danach noch erhöht worden. Die neue Beliebigkeit feiert programmatisch und machtstrategisch fröhliche Urständ. Wie oft wurde im letzten Bundestagswahlkampf beklagt, dass es zwischen Union und SPD keinen Unterschied mehr gebe, dass alle Parteien die Armen ärmer und die Reichen reicher machten. Und jetzt erntet der Bürger noch mehr Beliebigkeit, noch mehr Ununterscheidbarkeit. Im Zuge der Finanzmarktkrise hört man deutsche Politiker jeglicher Couleur für mehr Staat, mehr Regulierung und selbstredend für die Begrenzung von Managergehältern eintreten. Das Volk hat Unterscheidbarkeit eingefordert und einen neuen politischen Mainstream geerntet. *Anything goes!*

DRITTER TEIL

Reformangst trifft auf Reformzwang – vom mühsamen Prozess der Veränderung

Wir Deutschen –
ein Volk von ökonomischen Analphabeten

Eine Grundvoraussetzung für politische Teilhabe ist ohne Zweifel Bildung. Notwendige strukturelle Reformen, die auf die Einsichtsfähigkeit des Souveräns angewiesen sind, können nur schwer umgesetzt werden, wenn zu wenig Basiswissen über wirtschaftliche und soziale Zusammenhänge vorhanden ist. Und daran mangelt es nicht nur uns Bürgern, sondern auch den Entscheidungsträgern in den Medien und – mit gewissen Einschränkungen – in der Politik.

Zumindest bis zur letzten Bundestagswahl waren die Parlamentsfraktionen in Deutschland deutlich reformorientierter als das Wahlvolk, selbst Sozialdemokraten und Grüne mussten sich unter dem Druck der nackten Zahlen für einen Wandel in den sozialen Sicherungssystemen starkmachen. Und den Oppositionsparteien CDU/CSU und FDP gingen die eingeschlagenen Reformen zwar nicht weit genug, doch sie teilten die Grundrichtung. Aber dann störte plötzlich der Souverän, die Wählerschaft, diese Einigkeit. Und seither hat sich die Politik wieder atemberaubend schnell der Reformscheu der Bevölkerung angepasst. Die Parteien leiteten diesen Kurswechsel, wie gezeigt wurde, weniger aus Überzeugung ein, sondern aus machtpolitischem Opportunismus. Denn die Wähler fordern zwar einerseits Wahrhaftigkeit ein, reagieren jedoch auf schonungslose Aufrichtigkeit unbarmherzig mit Stimmentzug.

Müssen wir uns darüber wundern? Vermitteln wir in Deutschland unseren Kindern in der Schule das notwendige Grundwissen über die Funktionsweise einer marktwirtschaftlichen Ordnung? Werden im Mathematikunterricht nicht häufig genug theoretische Kurvendiskussionen geführt, anstatt dass die Schüler etwa den heutigen Barwert einer künftigen Rentenzahlung zu bestimmen lernen? Zinseszinsberechnung ist für viele Menschen ein Fremdwort, obwohl die meisten von uns im Alltag Kredite mit Zins und Tilgung zu bedienen haben. Auch wollen wir unsere Ersparnisse für Alter, Krankheit und andere Lebensrisiken möglichst rentierlich angelegt wissen.

Lernten wir schon in der Schule den Zusammenhang von Risiko und Rendite, dann würden nicht so viele Leichtgläubige auf die Lockrufe des angeblich so schnell verdienten Geldes an den Finanzmärkten hereinfallen. Hohe Gewinnchancen bedingen immer auch ein hohes Verlustrisiko. Wenn Menschen ihre Ersparnisse in hochverzinslichen, aber auch hochriskanten Anlageformen anlegen, dann handeln nicht nur die Anlageberater, von üppigen Provisionen getrieben, unlau-

ter. Es gibt auch in diesem Geschäftsfeld eine Eigenverantwortung des Kunden, die jedoch ein Basiswissen
der ökonomischen Zusammenhänge voraussetzt.

Die Unwissenheit des Durchschnittsbürgers wird
von der Finanzdienstleistungsbranche manchmal geradezu schamlos ausgenutzt. Viele Menschen lassen
sich nur zu leicht zu Konsumentenkrediten verführen –
vom Flachbildfernseher bis zum Urlaub, alles wird auf
Pump finanziert. Diese fatale Abhängigkeit, in die sich
Millionen von ökonomischen Analphabeten freiwillig
begeben, ließe sich mittel- und langfristig mit einer
marktwirtschaftlichen Lernoffensive und realitätsnä-
heren Lehrplänen an unseren Schulen wirkungsvoll
stoppen.

Übrigens hat ökonomisches Unwissen auch erhebliche Konsequenzen für die seriösen Finanzdienst-
leister. Da leichtgläubige Kunden oft auf hohe Renditeversprechungen der lautstarken, aber wenig soliden
Vertreter der Branche hereinfallen, haben es die seriösen Anbieter mit ihrer langfristig angelegten, kom-
petenten und individuellen Beratung deutlich schwerer. Und die erratischen Ausschläge der Politik bei der
Ausgestaltung der staatlichen Sicherungssysteme tun
ihr Übriges, um ein Volk ohne wirtschaftliches Grundwissen noch mehr zu verunsichern und letztlich bera-
tungsresistent zu machen.

Die Funktionsweise einer umlagefinanzierten gesetzlichen Rente wird im Bildungssystem nicht vermit-
telt, ebenso wenig die Auswirkungen des demographischen Wandels auf Beitragszahler wie Rentenbezieher.

163

Auch die nicht vorhandenen Rücklagen für die gewaltigen Pensionszusagen an die Staatsbeamten sind im Lehrplan kein Thema. Die Schüler erfahren auch nicht, dass Beamte – beispielsweise Lehrer – für ihre teilweise stattlichen Pensionen keinerlei Beiträge aufbringen müssen. Oder dass sich die Höhe von Beamtenpensionen nach dem Einkommen der letzten drei Berufsjahre richtet, während sich bei Arbeitnehmern die spätere Rente aus der gesamten Erwerbsbiographie berechnet. Zur Illustration: Angenommen, das Gehalt eines Durchschnittsarbeitnehmers würde für die letzten drei Jahre vor dem Ruhestand wie durch ein Wunder auf das Doppelte erhöht – statt 2700 Euro also plötzlich 5400 Euro –, dann steigerten sich seine monatlichen Rentenansprüche um derzeit gerade einmal 72 Euro. Dafür würden ihm pro Monat aber auch statt bisher 268,65 Euro Rentenversicherungsbeitrag plötzlich 537,30 Euro als Arbeitnehmeranteil abgezogen – und seine Firma müsste dieselbe Summe noch einmal als Arbeitgeberbeitrag entrichten. Wird aber ein nach A13 besoldeter Studienrat in Baden-Württemberg drei Jahre vor dem Ruhestand zum Oberstudienrat (A14) befördert, dann steigt sein monatliches Grundgehalt zwar «nur» von 4203 Euro auf 4660 Euro. Doch dieser Unterschied von 457 Euro bringt für die spätere monatliche Beamtenpension immerhin zusätzlich 326 Euro – die Höchstpension mit 71,25 Prozent aus dem Einkommen der letzten drei Berufsjahre gerechnet. Die Beförderung kurz vor der Pension wird nicht umsonst im Beamtenjargon «Aktion Abendsonne» genannt, weil sie eine überaus erfreuliche lebenslange Wirkung entfaltet. Das beamtete Lehrpersonal muss sich darüber hinaus auch keine Gedanken um den Wettbewerb auf dem Arbeitsmarkt in der Privatwirtschaft machen, weil der öffentliche Dienstherr eine lebenslange Anstellung garantiert – mit berechenbaren Aufstiegspfaden.

Das Paradebeispiel für Vollkaskomentalität in Deutschland ist der Status des Berufsbeamten. Und dieses Sicherheitsdenken hat auf Generationen von Eltern abgefärbt. Gerade heute – in Zeiten unsicherer Arbeitsplätze – schätzen sich Eltern glücklich, wenn ihre Kinder eine «Lebensstellung» als Beamte gefunden haben. Ein unbefristetes Beschäftigungsverhältnis als Angestellter im öffentlichen Dienst gilt meist als zweitbeste Lösung. Damit züchtet unser Bildungssystem eine Staatsgläubigkeit, die in einem kolossalen Kontrast zu den ungedeckten Blankoschecks der späteren Pensionszahlungen steht. Nach überschlägigen, aber sehr maßvollen Berechnungen liegt die implizite Verschuldung der Beamtenversorgung in Deutschland bei einem Barwert von mehr als 700 Milliarden Euro. Diese Summe entspricht knapp der Hälfte der gesamten verbrieften Staatsschulden – so hoch müssten die staatlichen Rücklagen sein, um die zugesagten Pensionen bezahlen zu können. «Vorsorge ist für diese Zahlungsverpflichtungen keine bzw. in nicht nennenswertem Umfang getroffen worden», heißt es lapidar in der Projektbeschreibung einer aktuellen Studie, die derzeit am Deutschen Forschungsinstitut für öffentliche Verwaltung in Speyer erstellt wird.[14]

165

Viele Gehaltsempfänger im Land sind nicht einmal in der Lage, ihre monatlichen Abzüge vom Bruttolohn genau zu beziffern oder gar nach Steuern und Sozialbeiträgen zu differenzieren. Da beklagen Familienväter mit kleinen Einkommen am Stammtisch ihre hohe Lohnsteuerlast und lamentieren über die Bessergestellten, die viel zu wenig Einkommensteuer bezahlten. Dabei ist es genau umgekehrt. Ein kleiner Teil der Bevölkerung, jene vielgescholtenen Bessergestellten nämlich, kommt für den Großteil der Einkommensteuer auf. Teuer hingegen kommen den kleinen Mann die Sozialversicherungsbeiträge zu stehen, die bereits ab einem Einkommen von mehr als 800 Euro im Monat mit rund 40 Prozent zu veranschlagen sind. Für Renten-, Kranken-, Pflege- und Arbeitslosenversicherung werden Beiträge auf das Gehalt erhoben, die sich Arbeitgeber und Arbeitnehmer bis zu einem bestimmten Einkommen – der sogenannten Beitragsbemessungsgrenze, die je nach Versicherungszweig differiert – vermeintlich teilen. Dieses Verfahren nennen Gewerkschaften und Sozialpolitiker seit Jahrzehnten paritätische Finanzierung. Würden wir bereits in der Schule gelernt haben, dass die gesamten Kosten, die ein Mitarbeiter verursacht, *von ihm selbst* verdient werden müssen, weil er sonst keinen Arbeitsplatz findet, dann würde sich die Mär von der Finanzierungsparität nicht mehr lange halten können.

Denken wir an das jährliche Schauspiel der Tarifauseinandersetzungen. Die Gewerkschaften errechnen die erzielten Lohnzuwächse für ihre Mitglieder immer nur in Bezug auf das Arbeitnehmer-Bruttoeinkommen. Doch dabei lassen sie außer Acht, dass die Arbeitgeber diese prozentuale Erhöhung zusätzlich auch für den Arbeitgeberbeitrag zur Sozialversicherung zu bezahlen haben. Das hat zur Folge, dass die Auswirkungen des ausgehandelten Lohnzuwachses auf die gesamten Arbeitskosten in der Öffentlichkeit im Allgemeinen unterschätzt werden.

Ich will es an einem Beispiel verdeutlichen: Angenommen, ein Arbeitnehmer in der Metallindustrie verdiente vor der aktuellen Tariferhöhung genau 3000 Euro brutto im Monat. Die IG Metall setzt eine Tariferhöhung von 4 Prozent durch. Damit steigt das monatliche Bruttoeinkommen des Arbeitnehmers um 120 Euro. Weil der Arbeitgeber bei einem monatlichen Arbeitnehmer-Bruttoeinkommen von 3000 Euro noch 585 Euro Sozialabgaben entrichtet, schlägt die vereinbarte Erhöhung auch auf diesen Betrag durch. Damit erhöht sich die kostenmäßige Belastung durch diesen vermeintlichen vierprozentigen Lohnanstieg für den Arbeitgeber um weitere 23 Euro, insgesamt auf 143 Euro. Der tatsächliche Lohnsteigerungsfaktor beträgt also für den Arbeitgeber 4,8 Prozent. Entsprechend müsste also auch die Arbeitsproduktivität des Arbeitnehmers um 4,8 Prozent steigen. Da diese Zusammenhänge viel zu wenigen Bürgern bekannt sind, glauben die meisten eher den euphemistischen Angaben der Gewerkschaften, als dass sie das Lamento der Arbeitgeber ernst nähmen.

Wie leicht es in Deutschland Politikern fällt, die

Bevölkerung mit eingängigen und populistischen Parolen auf die falsche Spur zu führen, möchte ich am Beispiel des ehemaligen Gesundheitsministers und jetzigen bayerischen Ministerpräsidenten Horst Seehofer (CSU) dokumentieren. Ihm gelang es im Jahr 2004 fast im Alleingang und äußerst wirkungsvoll, die von der Schwesterpartei CDU im Dezember 2003 beschlossene Kopfpauschale zur Finanzierung der Krankenversicherung in der Öffentlichkeit zu diskreditieren. Sein eingängigstes Argument, das er in unzähligen Polit-Talks im Fernsehen immer wieder neu variierte, appellierte vor allem an den sozialen Gerechtigkeitssinn des Bürgers. Wenn man Seehofers Kernaussage auf einen Satz verdichten will, dann lautete sein Argument: *Es widerspricht dem Gerechtigkeitsdenken der Bevölkerung, dass ein Vorstandsvorsitzender, der im großen Audi, BMW oder Mercedes chauffiert wird, genau die gleiche monatliche Kopfpauschale für seine Krankenversicherung zu bezahlen hat wie sein Fahrer, obwohl Welten zwischen den Einkommen der beiden liegen.*

Das klingt erst einmal vernünftig. Was passiert nun aber, wenn sich dieser Fahrer und sein Chef an einer Autobahnraststätte einen Espresso gönnen? Fragt der Mann hinter der Theke etwa nach der letzten Einkommensteuererklärung, um einen differenzierten Preis zu kassieren? Rauchen zudem beide, stecken wir im gleichen Dilemma: Wie viel soll dann der Bestverdiener, wie viel der kleine Chauffeur für sein Suchtmittel bezahlen? Hier wird der Fehler in dieser Argumentation offenkundig. Schließlich werden die Preise von Gütern und Dienstleistungen nicht nach dem Einkommen derer festgelegt, die sie erwerben.

Ein Produkt hat einen festen Preis, eine Dienstleistung auch. Es gibt in unserer Gesellschaft neben der gesetzlichen Krankenversicherung nur zwei weitere Ausnahmen von diesem Grundsatz: Der Staat weicht im Steuerrecht davon ab und erhebt mit steigenden Einkommen immer höhere Steuersätze (Steuerprogression). Und viele Kommunen verlangen von den Eltern einkommensabhängige Gebühren für die Inanspruchnahme ihrer Kinderbetreuungseinrichtungen. Jedoch sind die Kosten für medizinische Leistungen in unserem Land nicht an das Einkommen des jeweiligen Patienten gekoppelt. Werden Vorstandsvorsitzender und Fahrer wegen eines Blinddarmdurchbruchs in einer Klinik behandelt, ist die Operation des Chefs genauso teuer wie die des Chauffeurs.

Deshalb hat es nichts mit Ungerechtigkeit zu tun, eine einheitliche monatliche Gesundheitsprämie – unabhängig vom Einkommen – zu fordern, dafür aber sehr viel mit dem Bewusstsein für die Risiken der heutigen lohnbezogenen Beitragsfinanzierung in der gesetzlichen Krankenversicherung. Damit treiben wir die Arbeitskosten immer weiter in die Höhe, denn die Ausgaben für ärztliche Versorgung werden in unserer alternden Gesellschaft auf jeden Fall steigen. Noch höhere Arbeitskosten sind aber Gift für die Arbeitsplätze. Gerade Geringqualifizierte werden sich schwertun, mit ihrer begrenzten Produktivität die Kosten eines Arbeitsplatzes zu amortisieren. Folglich fallen sie aus dem Arbeitsmarkt heraus, beziehen soziale Transferleistungen, die wiederum über die Arbeitskosten und Steuern derer gedeckt werden müssen, die Arbeit haben.

Aus diesen Gründen muss die Finanzierung der Krankenversicherung vom Einkommen entkoppelt werden. Die Gesundheitsprämie ist nichts anderes als ein Gebot der volkswirtschaftlichen Vernunft.

Übrigens wird tatsächlich ein Gerechtigkeitsdefizit im heutigen System der gesetzlichen Krankenversicherung überhaupt nicht gern thematisiert, auch nicht von Horst Seehofer: Es ist ungerecht, dass die Krankheitskosten der Kinder aus dem Versicherungssystem und nicht aus dem Steuersystem bezahlt werden. Denn auch die gesetzliche Krankenversicherung ist ein Generationenvertrag, in dem junge und gesündere Versicherte für die wesentlich höheren Kosten der älteren Versicherten aufkommen. Weil es einen linearen Beitragssatz auf die Arbeitseinkommen der Aktiven und auf die Renten gibt, findet eine massive Umverteilung zwischen Jung und Alt statt. Deshalb spielt auch für die Krankenversicherung der demographische Wandel eine wichtige Rolle. Das Verhältnis zwischen Leistungsempfängern und Beitragszahlern verschlechtert sich nicht nur wegen der längeren Lebenserwartung, sondern auch durch die massiv gesunkene Geburtenzahl.

Ohne jede Frage stellt sich die Lebenssituation von Alleinerziehenden oder Paaren mit Kindern anders dar als die von Kinderlosen – nicht zuletzt in ökonomischer Hinsicht. Deshalb ist es wichtig, die Entwicklungschancen der Kinder zu sichern und die Aufwendungen für die gesellschafts-, wirtschafts- und sozialpolitisch erwünschte Geburt, Versorgung, Betreuung und Erziehung der Kinder innerhalb unserer Gesellschaft gerecht zu verteilen. Aus diesem Grund sollten die Krankheitskosten der Kinder – immerhin rund 14 Milliarden Euro im Jahr – aus dem Steuersystem bezahlt werden und nicht über die Krankenversicherung. Dann leisten auch Kinderlose ihren Beitrag zur Sicherung des Generationenvertrags in der Krankenversicherung.

Heute profitieren vor allem gutverdienende jüngere Arbeitnehmer, die mehr als 48 150 Euro jährlich verdienen und keine Kinder haben, von einem Wechsel in eine private Krankenversicherung. Denn ihr Nettoeinkommen steigt, weil ihre Krankenversicherungsbeiträge in der Regel günstiger sind als in der gesetzlichen Krankenversicherung. Und mit ihrer höheren steuerlichen Leistungsfähigkeit müssen sie sich nicht an den Krankheitskosten der Kinder beteiligen, obwohl auch sie von der Erziehungsleistung der Eltern profitieren. Die Eltern dagegen, vor allem die große Gruppe, die ein Erwerbseinkommen unterhalb der Beitragsbemessungsgrenze für die gesetzliche Krankenversicherung erzielt, müssen die Krankheitskosten ihrer Kinder in der Beitragskalkulation für die mitversicherten Angehörigen mittragen. Ich halte das für ungerecht. Gerecht und solidarisch wäre die Steuerfinanzierung der gesamten Krankheitskosten der Kinder. Die Befürworter der Gesundheitsprämie sind sich in dieser Forderung einig.

Die Parteien züchten systematisch
den Opportunismus

Politischen Parteien obliegt nach unserer Verfassung eine verdienstvolle Aufgabe: «Die Parteien wirken bei der politischen Willensbildung des Volkes mit.» So postuliert es unser Grundgesetz in Artikel 21. Aus der Mitwirkung bei der Willensbildung ist im Lauf der Jahrzehnte in Wahrheit eine Dominanz geworden. Ohne Partei keine Karriere in der Berufspolitik, ohne das jeweils richtige Parteibuch keine Führungsposition im öffentlichen Dienst. Die öffentlich-rechtlichen Medien werden durch den Parteiproporz in den Rundfunk- und Fernsehräten geprägt, der seinen Niederschlag auch in den Personaltableaus der leitenden Redaktionspositionen findet. Und selbst die Hüter der Verfassung, die Mitglieder des Bundesverfassungsgerichts in Karlsruhe, werden nach parteipolitischen Präferenzen vorgeschlagen und gewählt. In den Ministerien in Bonn und Berlin, aber auch in den Landeshauptstädten existieren rote und schwarze Netzwerke, um im Fall eines

Regierungswechsels mit dem jeweils passenden politischen Stallgeruch in Leitungsfunktionen aufrücken zu können. Selbst in der Bundestagsverwaltung besetzen die Parteien nach ihrer zahlenmäßigen Stärke die Personalstellen. Oft genug profitieren eher die Bewerber mit dem richtigen Parteibuch als jene mit der besten persönlichen und fachlichen Eignung. Das Gewicht der politischen Parteien in den Machtstrukturen unseres Landes ist umso erstaunlicher, da es in merkwürdigem Kontrast zu ihrem äußerst schlechten Ruf in der Öffentlichkeit steht.

Es ist nichts daran auszusetzen, dass die Akteure im Politikbetrieb auch ihre Eigeninteressen ausleben. Ehrgeiz und Karrierebewusstsein sind Triebfedern, ohne die wir Menschen in unserem beruflichen Alltag nicht weit kämen. Doch politische Parteien leben von einem gemeinwohlorientierten Gesinnungsethos, das je nach Couleur programmatisch unterschiedlich gewichtet wird: *Wir wollen unser Land sozialer – wirtschaftlich erfolgreicher – ökologischer – liberaler – demokratischer gestalten!* Vor allem junge Parteiaktivisten tragen ihren jeweiligen Parteiglauben wie eine Monstranz vor sich her. Und ein Grundgedanke eint die parteipolitischen Heißsporne über alle Lager hinweg: Sämtliche Ideen und Projekte der Konkurrenz sind per se falsch und funktionieren nicht. Die eigenen Botschaften hingegen werden ohne jegliches Hinterfragen glorifiziert.

Dieses Lagerdenken in Verbindung mit einer wirklichkeitsfremden Sektenmentalität wirkt auf nachdenkliche Menschen, die intellektuelle Redlichkeit einfor-

173

dern, häufig abschreckend. Quereinsteiger, denen es um tatsächliche politische Veränderung und nicht um eine Laufbahn in der Berufspolitik geht, kehren Parteien oft ganz schnell wieder den Rücken, weil sie vom kleingeistigen Machtkartell abgeschreckt werden, das selbst die ehrenamtlichen lokalen Parteigliederungen häufig genug prägt.

Vergleicht man die Berufspolitik mit einem soliden Handwerksberuf, wird deutlich, wie absurd die in der Politik gepflegte permanente Abgrenzungsrhetorik ist. Kämen junge Gesellen, die als Anlagenmechaniker für Sanitär-, Heizungs- und Klimatechnik bei unterschiedlichen Firmen arbeiten, etwa auf die Idee, Lösungsvorschläge für Energieeffizienz bei einem Bauprojekt nur deshalb abzulehnen, weil sie von einem Fachkollegen stammen, der bei einer anderen Firma arbeitet? Ist der eine Geselle aber bei den Jungsozialisten, der andere in der Jungen Union engagiert, ist diese nüchterne, an der Sache orientierte Denkweise perdu, sobald es um politische Lösungen geht. Dann wird wieder polemisiert, werden Vorurteile geschürt und gepflegt. Selbst vor der systematischen Dämonisierung des politischen Gegners machen Parteien zumindest in Wahlkampfzeiten nicht halt.

Wenn man Politik als Handwerk für den Organisationsrahmen unseres Gemeinwesens versteht, dann braucht man auch Berufspolitiker, die dieses Handwerk beherrschen und sich im besten Sinn als Manager des Gemeinwohls betätigen. An der Bildung mangelt es zumeist nicht – es gibt überdurchschnittlich viele Akademiker in der Berufspolitik. Doch gleichzeitig verfügen immer weniger Abgeordnete über Berufserfahrung außerhalb der Politik. Denn die meisten Politiker, die ich kennengelernt habe, sind Produkte einer typischen parteipolitischen Sozialisation. Schon in der Schulzeit werden sie Mitglied einer Jugendorganisation, bewähren sich beim Plakatekleben, Prospekteverteilen, an den Infoständen oder als Administrator eines lokalen JU- oder Juso-Blogs. Sie kommen regelmäßig mit Mandatsträgern der eigenen Partei in Berührung, die bei internen Veranstaltungen aus den Parlamenten berichten und gern die eigenen Aktivitäten lobpreisen, während sie für die Konkurrenz nur vernichtende Worte finden.

Der Politikernachwuchs fährt nach Berlin, wenn der örtliche Abgeordnete zum Dank seine Wahlhelfer auf Kosten des Deutschen Bundestags zu einer staatsbürgerlichen Bildungsfahrt in die attraktive Polit-Metropole einlädt. Sehr früh schon lernt er, sich in innerparteilichen Zirkeln zu organisieren, vor allem, wenn es darum geht, bei Wahlen für den Orts- oder Kreisvorstand oder bei Delegiertenwahlen für einen Parteitag Leute des eigenen Flügels durchzubringen. Ebenso bald wird deutlich, wie wichtig es ist, sich erst innerhalb der Partei einen gewissen Namen zu machen, ehe man sich ernsthaft für Funktionsstellen interessiert. Also werden Anträge für Parteitage verfasst, zumindest unterschreibt man sie mit. Natürlich müssen auch noch durch rechtzeitige Absprachen Redebeiträge bei größeren Parteiveranstaltungen gesichert werden. Juniorpolitiker orientieren sich inhaltlich an den wichtigen Leuten in der Partei, bewegen sich in deren Dunstkreis und hoffen auf ihre Entdeckung als förderfähige Nachwuchstalente.

Begrenzte Konflikte zu inszenieren, aber bitte mit der stillen Rückendeckung der Parteigranden, kann für die eigene Bekanntheit Wunder wirken. Dafür sucht man sich am besten populäre Reizthemen aus, die man kurz und knackig aufbereiten kann. Große gesellschaftliche Strukturfragen – etwa soziale Sicherung in Zeiten einer alternden Gesellschaft und der Globalisierung – lässt man besser links liegen. Sie verlangen hohen Arbeitseinsatz und viel Sachkunde, aber vor allem beinhalten sie unpopuläre Antworten, die der eigenen Partei nicht genehm sind.

Besonders vorausschauend verhalten sich diejenigen, die schon während des Studiums Praktika in Abgeordnetenbüros der Landeshauptstädte oder in Berlin absolvieren. Dort können sie den Politikbetrieb aus nächster Nähe erleben und die Entscheidung treffen, unmittelbar nach dem Jura- oder Politikstudium als parlamentarischer Berater bei einem Abgeordneten oder einer Fraktion hauptberuflich einzusteigen. Und dieser berufspolitische Einstieg ist für viele mit der klaren Absicht verbunden, möglichst bald die Fronten zu wechseln und selbst Abgeordneter zu werden.

Oft hat man es mit Berufspolitikern zu tun, die seit früher Jugend eine solche Parteilaufbahn absolviert haben. Diese Menschen kennen nicht viel vom Leben außerhalb der Politik, aber weil sie die (partei)politischen Mechanismen aus dem Effeff beherrschen, sind sie geradezu prädestiniert, in der Politik Karriere zu machen. Quereinsteiger, nach denen die Gesellschaft immer wieder ruft, haben schon deshalb kaum eine Chance, weil sie nie gelernt haben, wie die offizielle Politik funktioniert. Der renommierte Steuerrechtler Paul Kirchhof beispielsweise ist im Bundestagswahlkampf 2005 nicht zuletzt deshalb gescheitert, weil er die Mechanismen des politischen Geschäfts mangels eigener parteipolitischer Erfahrung unterschätzte. Ansonsten hätte er den Ruf von Angela Merkel mit Sicherheit abgelehnt.

Die Mühlen des Politikbetriebs prägen natürlich den Charakter. Es gibt viele eitle Persönlichkeiten auf dem politischen Parkett. Die Sucht nach öffentlicher Anerkennung, die Gier, im Rampenlicht zu stehen, sind Teil des Politiker-Egos. Diese zahlreichen ehrgeizigen Egos reiben sich beständig aneinander, was zu einer erschreckenden Misstrauenskultur führt. Gerade innerhalb der eigenen Partei wird leidenschaftlich intrigiert. Journalisten können ein Lied davon singen, wie oft sie im innerparteilichen Machtkampf mit Indiskretionen gefüttert werden – von den angeblichen Parteifreunden. Gute Medienpräsenz gönnt der Berufspolitiker noch eher dem politischen Konkurrenten als dem eigenen Fraktionskollegen, den es im Gerangel um Einfluss und Macht auszustechen gilt.

Nach vielen Jahren Parteiarbeit hüten sich fast alle, einen pointierten Standpunkt einzunehmen, weil man sich damit innerhalb der eigenen Reihen, aber auch in der Öffentlichkeit angreifbar macht. Es gilt die Devise:

Lege dich nie zu früh fest und am besten überhaupt nicht, dann kann dir niemand einen Strick aus deiner Haltung drehen. Und außerdem: Der Zeitgeist weht, wohin er will. Und weil Politiker immer auf der Höhe der Zeit sein wollen, ist nichts so kalkulierbar wie die Beweglichkeit, ja der Opportunismus der Politik. Statt sich aus Überzeugung in der Sache gegen einen Trend zu stellen, surfen die Parteien auf fast jeder Welle mit.

Politiker lernen eine spezielle Sprache, die mit inhaltsleeren Worthülsen arbeitet. Fachkompetenz ist in der Politik eher wenig gefragt. Das politische Vokabular ist fast so kryptisch und formelhaft wie die Textbausteine von Arbeitszeugnissen, deren Kernaussagen sich für den Laien selbst dann noch wohlwollend anhören, wenn sie ein vernichtendes Testat ausstellen. Ein Beispiel dieser politischen Formelsprache will ich übersetzen. Im aktuellen Wahlkampf der Parteien wird – als Kontrast zum Wahljahr 2005 – oft zu hören sein: *Wir müssen die Wähler mitnehmen!* In meiner Übersetzung liest sich das etwas anders: *Wir müssen die Wähler mit neuen Versprechungen ködern. Sie sind zu dumm für eine ehrliche Politik. Also versprechen wir einfach einen Strauß neuer staatlicher Leistungen. Von den Kosten schweigen wir. Und selbstverständlich wollen wir auch die Einkommensteuer senken, damit sich Leistung wieder lohnt!* Jeder intelligente Wähler müsste diese Strategie des Stimmenköderns sofort durchschauen, weil man selbst vom Staat nicht mehr Leistung für weniger Geld erhalten kann. Kluge Politiker, die wissen müssten, welche fatalen Konsequenzen eine unerfüllbare Erwartungssteuerung der Bevölkerung in einer Demokratie haben kann, sollten unbedingt von dieser Art von Volksverdummung die Finger lassen. Denn es ist ein Spiel mit dem Feuer, das Politikverdruss und Radikalisierung nach sich zieht. Doch wenn man in erster Linie gewählt werden will, nimmt man derartige Risiken für unsere demokratische Ordnung ganz offensichtlich in Kauf.

Egal, ob jemand für die Sozialdemokraten, die Union, die FDP, die Grünen oder die Linken steht, Berufspolitiker haben sich habituell und in ihrem Verständnis des Politikbetriebs oft ununterscheidbar gemacht. Ihre Welt wird nicht durch inhaltliche Standpunkte geprägt, sondern vom Machterhalt. Macht ist natürlich eine Voraussetzung für die Umsetzung von Politik. Doch ich habe die Erfahrung gewonnen, dass Machtausübung für viele Berufspolitiker vor allem darin besteht, respektable Positionen zu besetzen – und zwar möglichst lange. Die Inszenierung von Macht durch die Besetzung von Ämtern hat aber wenig mit gemeinwohlorientiertem politischem Handeln zu tun. Wie verführerisch ein Ministerpräsidentenamt sein kann, hat uns im vergangenen Jahr eine hessische Sozialdemokratin gelehrt. Andrea Ypsilanti manövrierte ihre Partei und sich selbst ins Fiasko.

Die vier Dissidenten, die Andrea Ypsilanti keineswegs anonym stoppten, in geheimer Abstimmung, sondern sich am Tag vor der geplanten Wahl offen zu ihrem Nein bekannten, sind wahrlich rühmliche Ausnahmen in der grauen Welt des Parteisoldatentums.

Dagmar Metzger, Carmen Everts, Silke Tesch und Jürgen Walter opferten ihre politischen Überzeugungen eben nicht auf dem Altar der Macht, sondern pochten auf die Gewissensentscheidung des frei gewählten Abgeordneten.

Bezeichnend die Reaktion des hessischen SPD-Establishments auf die vier Abweichler: Gekauft seien sie, wurde gestreut. Man entzog ihnen sofort sämtliche Mitgliedsrechte, ohne das eingeleitete Parteiausschlussverfahren abzuwarten. Im Plenarsaal sollten sie sogar räumlich separiert werden von der SPD-Fraktion, was nach öffentlichem Protest unterblieb.

Die vier Abgeordneten müssen für ihre Gewissensentscheidung einen hohen Preis zahlen. Keiner von ihnen gehört mehr dem neuen Hessischen Landtag an. Sie müssen damit – zumindest vorläufig – aus der Berufspolitik ausscheiden. Dabei hatte Andrea Ypsilanti der widerspenstigen Kollegin Silke Tesch sogar das Amt einer Landtagsvizepräsidentin angetragen, inklusive erhöhter Diäten und Dienstwagen. Vergeblich. Silke Tesch ließ sich nicht kaufen.

Das Kreuz mit der Wahlstimme oder
Die Entmündigung des Souveräns

Konstitutives Element einer Demokratie ist das Wahlrecht. In Deutschland werden die Abgeordneten des Bundestags «in allgemeiner, unmittelbarer, freier, gleicher und geheimer Wahl gewählt. Sie sind Vertreter des ganzen Volkes, an Aufträge und Weisungen nicht gebunden und nur ihrem Gewissen unterworfen.» Dieser Anspruch, den das Grundgesetz in Artikel 38 formuliert, kollidiert jedoch mit der rauen Realität unseres heutigen Parteienstaates.

Dabei will ich nicht bestreiten, dass sich unser geltendes Wahlrecht in rund sechzig Jahren bundesrepublikanischer Geschichte in vielerlei Hinsicht bewährt hat. Das Verhältniswahlrecht sorgte dafür, dass allen relevanten Strömungen in der Bevölkerung eine Repräsentanz in der Politik gesichert wurde. Es hat durch die Personalisierung in der Erststimme für die Direktwahl eines Wahlkreiskandidaten ein gewisses Maß an «Bodenhaftung» bewirkt. Mit der Fünf-Prozent-Sperrklausel hat es gleichzeitig eine Zersplitterung in unzählige Kleinstparteien verhindert, aber trotzdem Parteineugründungen ermöglicht, sofern sie eine relevante Wählerschaft mobilisieren konnten. Und das deutsche Wahlrecht hat im Regelfall zu Koalitionsregierungen aus zwei Parteien geführt, die eine bemerkenswerte politische Stabilität bewirkten – im Vergleich mit Ländern, in denen Vielparteienregierungen üblich sind, oder solchen mit Einparteienregierungen als Folge eines Mehrheitswahlsystems.

Doch an einem wesentlichen Punkt ist das deutsche Wahlrecht gescheitert. Schleichend sind die Bürger entmündigt und die Parteien gestärkt worden. Dabei liegt der Sinn von Wahlentscheidungen doch gerade darin, den Willen des Souveräns zum Ausdruck zu bringen. Stattdessen haben wir ein Parteienkartell geerntet, das nur vordergründig für Konkurrenz sorgt: um Stimmen und Mandate, Macht und Einfluss, politische Führungspositionen. Dieser Aspekt der parteipolitischen Auseinandersetzung, der mit permanenter programmatischer Abgrenzungsrhetorik zelebriert und mit polemischer Zuspitzung und Personalisierung orchestriert wird, findet vor allem in der Überzeichnung durch die Medien seinen prägenden Resonanzraum. Dabei verfolgen die etablierten Parteien tatsächlich durchaus die gleichen Interessen. Sie wollen Ämter und Mandate erringen, weil sie damit ihre Akteure mit Einkommen und Pensionen versorgen können. Objektiv bilden Parteien ein Machtkartell zur Erlangung von Führungspositionen in unserem Staat, das einem faktischen Monopol gleichkommt, weil parteipolitisch nicht organisierte Außenseiter von vornherein chancenlos sind. Parteien sind damit prinzipiell in der Lage, ihre Interessen und damit die Interessen ihrer Funktionäre auch gegen die Interessen der Gesellschaft durchzusetzen.

Im gängigen Begriff von der «Politischen Klasse» steckt übrigens genau dieser Vorwurf, weil er alle Berufspolitiker unabhängig von ihrer Parteizugehörigkeit subsumiert. Die «Politische Klasse» eint im Kern ein gemeinsames berufspolitisches Interesse jenseits des inszenierten Streits. Und in diesem Begriff manifestiert sich auch die Distanz zur Bevölkerung, die Entkoppelung von der realen Welt. Der Deutsche Bundestag ist längst vorwiegend ein Hort für Berufspolitiker geworden, die höchst selten gleichzeitig auch echte Volksvertreter sind. Regierungs- wie Oppositionsparteien wissen um ihre Rollen, pflegen die immergleichen Rituale, verhalten sich organisatorisch und ideologisch möglichst geschlossen und diszipliniert – und allen Akteuren gemein ist vor allem das Ziel, in der nächsten Legislaturperiode wieder mit einem Mandat ausgestattet zu sein.

Wer in Deutschland ein politisches Mandat im Bundestag erhält, entscheiden weniger die Wählerinnen und Wähler als vielmehr die Parteien. Und in den Parteien ist es oft eine kleine Gruppe von Funktionären, meist nicht einmal die in der Öffentlichkeit bekanntesten Köpfe des jeweiligen Landesverbandes, die durch eine interne Vorauswahl und Absprachen letztlich die so entscheidenden Plätze auf den Parteilisten zuteilen. Dass für diese Form von Personalvorauswahl Kriterien wie Linientreue und langjährige treue Parteidienste weit mehr zählen als Kompetenz und öffentliche Reputation, versteht sich fast von selbst. Auch wenn formal Landesparteitage in öffentlicher Sitzung und geheimer Wahl das letzte Wort haben: Die Tickets nach Berlin oder in die Landeshauptstädte werden in aller Regel durch eine kleine Gruppe in der Führung der Partei vergeben und dann von der Delegiertenbasis, die wiederum aus einer Auslese von ehrenamtlichen Parteifunktionären besteht, meist so gut wie unverändert bestätigt.

Für das Wahlvolk hat dieses Nominierungsmonopol der Parteien eine fatale Folge, denn für die Wähler gilt das Motto: Friss, Vogel, oder stirb! Egal, welcher Partei ich meine wichtige Zweitstimme bei der Bundestagswahl gebe, ich kann als Wähler die Reihenfolge der von der Partei bestimmten Bewerber nicht verändern. Selbst wenn ich Kandidaten, die von meiner Partei auf wenig aussichtsreiche Listenplätze gesetzt wurden, persönlich gern im Parlament sähe, habe ich keine Möglichkeit, sie mit einer Vorzugsstimme weiter nach vorn zu wählen. Das Prinzip der starren Listen entmündigt uns Wähler und zementiert das Vorschlagsmonopol der Parteien.

Dabei geht es auch anders. Bei den Landtagswahlen in Bayern gilt schon seit Jahrzehnten das Prinzip der offenen Liste. Die Wähler vergeben die Zweitstimme für ihre Partei dadurch, dass sie bei einem von

ihnen besonders geschätzten Kandidaten auf der Wahl-
kreisliste ihr Kreuzchen machen. Die persönliche Ge-
samtsumme der erhaltenen Stimmen entscheidet dann
über den Einzug in den Landtag in München, nicht
die Platzierung auf der Liste. Das Wahlvolk hat häufig schon Abgeordnete in das Münchener Maximili-
neum gewählt, die von ihren Parteien nicht für vordere
Plätze vorgesehen waren. Öffentliche Reputation, die
sich auf eine Mischung aus Kompetenz, sympathischer
Ausstrahlung und einer immer wieder unter Beweis ge-
stellten eigenen Meinung stützt, ist bei dieser Form
des Wahlrechts glücklicherweise wichtiger als praktizierte Parteilinientreue.

Ich weiß aus eigener Erfahrung: Als Listenkandidat
einer kleinen Partei mit nur vergleichsweise wenigen
Mandaten bekommt man Unbotmäßigkeit besonders
gern dann vorgehalten, wenn die Partei ihre Abgeordneten im Vorfeld der Nominierung wieder stärker an
die Kandare nehmen will. Ich erinnere mich, dass mir
vor meiner gescheiterten Nominierung 2002 intern
der Vorwurf gemacht wurde, dass ich an der ersten
Wahl von Gerhard Schröder zum Bundeskanzler am
17. Oktober 1998 nicht teilgenommen hatte. Ich war
bei der Beerdigung eines Freundes. Auch bekam ich
überdeutlich zu spüren, dass mein lautstarker Widerspruch gegen den drohenden Bruch des europäischen
Stabilitätspakts durch die rot-grüne Bundesregierung
im Wahljahr 2002 von den eigenen Spitzenleuten aus
Baden-Württemberg als unverzeihliche Illoyalität ein-
gestuft wurde. Ich diskutierte mit meinen Mitarbeitern

damals ausführlich, ob ich den Bruch des Haushalts-
rechts der eigenen Regierung stillschweigend akzeptieren sollte, die eine deutlich größere Stückzahl von mili-
tärischen Transportflugzeugen vom Typ Airbus A400M
beschaffen wollte, als das Parlament wenige Wochen
zuvor per Haushaltsgesetz beschlossen hatte. Ich ent-
schied mich für ein striktes Nein – um der Sache willen, trotz aller parteiinternen Risiken für die erneute
Kandidatur.

Hätte es 2002 ein Wahlrecht mit offener statt star-
rer Liste in Baden-Württemberg gegeben, wäre mein
Eintreten für Haushaltsdisziplin und die Verteidigung
des parlamentarischen Budgetrechts auch gegen die
eigene Regierung vom Wähler vermutlich honoriert
worden.

Für mich steht fest, dass die Binnenfixierung von
Berufspolitikern in hohem Maß dem Ausleseverfahren
für politische Mandate zugeschrieben werden kann.
Wer Abgeordneter einer Partei werden will, muss sich
vor allem um seine Funktionäre kümmern. Die Profilie-
rung nach innen ist wichtiger als öffentlichkeitswirk-
sames Profil. Dabei sollte doch in einer Demokratie
der Wähler im Fokus der politischen Aktivität stehen.
Heute prägen in langer Parteilaufbahn glattgeschlif-
fene Apparatschiks den Politikbetrieb. Charakterköpfe,
die Anstoß erregt und dadurch Profil gewonnen haben,
gibt es immer weniger. Auch wenn ich mich vor der Illusion hüten will, dass ein reformiertes Wahlrecht allein die politische Kultur verändern würde; es hätte
jedenfalls gewaltigen demokratischen Charme, wenn

sich künftig Politiker jeglicher Couleur darum bemühen müssten, viel stärker in die breite Öffentlichkeit
hinein zu wirken als nur in ihre eigene Partei.

Die Wähler verbinden mit ihrer Stimme eine bestimmte politische Absicht. Deshalb ist die Vorstellung
ziemlich realitätsfremd, dass ein Wähler mit der Zweitstimme die CDU wählt, mit seiner Erststimme aber
den SPD-Kandidaten im Wahlkreis, weil ihm der Erst-
kandidat der CDU nicht zusagt. Für meine Behauptung
spricht übrigens ein statistisch eindeutig zu belegen-
des Faktum. Auch Spitzenpolitiker mit hohem Bekannt-
heitsgrad schaffen bei den Erststimmen im Wahlkreis
ganz selten deutlich bessere Ergebnisse als ihre Partei
bei den Zweitstimmen. Die Wähler schauen also doch
stärker, als viele annehmen, auf die personelle und
inhaltliche Kompatibilität der Erst- und Zweitstimme.
Eine Ausnahme bildet das Stimmensplitting innerhalb
eines politischen Lagers. Da kleine Parteien in der Regel kaum eine Chance auf Direktmandate haben, wird
zum Beispiel im Mitte-links-Lager gern mit der Erststimme SPD und mit der Zweitstimme grün gewählt,
wenn man sich eine solche Koalitionsoption wünscht.
Erst recht gilt dieses Stimmensplitting für FDP und
Union. Gerade bei der letzten Bundestagswahl profi-
tierte die FDP stark von jenem «Leihstimmen-Phäno-
men», bei dem CDU-Anhänger mit der Erststimme
den konservativen Wahlkreisabgeordneten wählten,
mit der Zweitstimme aber wegen der Koalitionsoption
die FDP.

Auch bei der Nominierung des Wahlkreis-Direktkandidaten ist letztlich die Partei in der Vorhand. Vor allem in den «todsicheren» Wahlkreisen, in denen einer Partei seit vielen Wahlen das Bundestagsmandat mit großem Vorsprung sicher ist, stellt die entscheidende Hürde für einen Parlamentssitz nicht der Wähler dar, sondern die Partei. Ich weiß, wovon ich rede, denn 2008 – nach meinem Parteiwechsel zur CDU – unternahm ich gleich zwei Anläufe für die Nominierung als Direktkandidat in solchen Wahlkreisen. Im Wahlkreis Biberach unterlag ich mit 42,1 Prozent der Stimmen im dritten Wahlgang gegen den Kreisvorsitzenden und Landwirt Josef Rief, im Wahlkreis Bodensee scheiterte ich mit 48,1 Prozent an Bürgermeister Lothar Riebsamen. Obwohl in beiden Fällen alle Parteimitglieder wahlberechtigt waren und damit keinesfalls nur die Funktionärsebene das (hochwahrscheinliche) Mandat vergeben hat, trifft auch hier die Partei für die Wähler die Vorentscheidung. Dabei ist die Auswahl der Direktkandidaten durch eine Urwahl, bei der alle Mitglieder einer Partei im Wahlkreis stimmberechtigt sind, bei weitem noch nicht die Regel. In zahlreichen Wahlkreisen gibt es eine Wahl durch Parteidelegierte, was den Einfluss der Funktionäre stärkt. Aus meiner Sicht sollte das Bundeswahlgesetz wenigstens die Urwahl des Direktkandidaten im Wahlkreis durch alle Parteimitglieder verbindlich vorschreiben und auch die Möglichkeit einer Briefwahl einräumen.

Welche Mobilisierungswirkung eine Urwahl durch alle Parteimitglieder entfaltet, konnte ich anschaulich erleben. In Biberach sind rund 200 neue Mitglieder in die CDU eingetreten, um den Kandidaten wählen zu können. An der Wahl nahmen fast 1000 Stimmberechtigte und damit mehr als die Hälfte aller Parteimitglieder teil. Im Bodenseekreis gab es 100 neue Mitglieder zu verzeichnen. Immerhin knapp 700 Mitglieder und damit etwa 40 Prozent aller CDU-Mitglieder waren bei der Nominierungsveranstaltung persönlich anwesend.

Obwohl die Öffentlichkeit breiten Anteil an der Nominierung nahm, galten aber auch bei diesen beiden Urwahlen die bekannten Gesetze der Parteiendemokratie. Gefragt sind hierbei eher die bequemen und handzahmen Mitstreiter, die sich in langen Jahren treu nach oben gedient haben. Das Versprechen der Partei an ihre Mitglieder, dass Einsatz und Fleiß mit Mandaten belohnt werden können, manifestiert sich in dieser Vorgehensweise. Gerade in den «todsicheren» Wahlkreisen, in denen die Wähler das Kreuz ganz überwiegend beim Personal der immer gleichen Partei machen, spielt die öffentliche Reputation der Bewerber keine Rolle. Gewählt wird selbst der sprichwörtliche schwarze Kohlensack, wie man im konservativen Oberschwaben gern lästert. Wahlkreise in solchen Regionen eignen sich vorzüglich als Belohnung für treue Parteisoldaten, die intern nie unangenehm aufgefallen sind und auch im Bundestag allzeit funktionierende Rädchen im Räderwerk ihrer Fraktion zu sein versprechen. In umstrittenen Wahlkreisen dagegen müssen die Parteien stärker auf die Wählerwirksamkeit ihrer Direktkandidaten achten. Man will der Konkurrenz ja schließlich das verlorene Mandat wieder abnehmen.

Also braucht man dort Bewerber, die Wechselwähler erreichen können.

Konsequent wäre es, auch für die Direktkandidaten in den Wahlkreisen eine Art Vorwahlverfahren einzuführen, in das die Wähler selbst eingebunden sind – und nicht nur die Parteimitglieder. Damit ließe sich bei dieser Personalauswahl der Trend zur reinen Partei-Nabelschau einschränken, zu der alle Parteien neigen. Die Entfremdung der Politik von der Bevölkerung hat viel mit der von den Parteien monopolisierten Personalrekrutierung zu tun. Es lohnte jede Anstrengung, wieder mehr wirkliche Volksvertreter in die Parlamente zu bekommen – und die Allmacht der Parteien zu brechen.

Noch ein Wort zum Mehrheitswahlrecht. Das aktuelle Fünfparteiensystem, das sich mit der bundesweiten Präsenz der Linken inzwischen verfestigt hat, verführt manche Strategen in den Volksparteien und ihrem publizistischen Umfeld, aus Gründen der demokratischen Stabilität auf das Mehrheitswahlrecht zu setzen. Sie glauben, es ließen sich einfacher eindeutige Regierungsmehrheiten bilden, wenn künftig nur noch direkt in den Wahlkreisen gewählte Abgeordnete in den Parlamenten säßen. Dabei ist selbst dies keineswegs gesichert. Hätten bei der letzten Bundestagswahl 2005 nur die Erststimmen über die Besetzung des Bundestags entschieden, dann stellte die Union 150 Abgeordnete, die SPD 145, die Linkspartei drei, und die Grünen wären allein durch Hans-Christian Ströbele vertreten. Angela Merkel verfügte dementsprechend über eine hauchdünne Mehrheit von einer einzigen Stimme. Eine Änderung des Wahlgesetzes wäre übrigens mit einfacher Gesetzgebermehrheit möglich, brauchte also keine verfassungsändernde Zweidrittelmehrheit. Trotzdem ist sie natürlich nur in der Regierungsphase einer Großen Koalition denkbar. Denn jeder kleine Koalitionspartner, der das Verhältniswahlrecht durch das Mehrheitswahlrecht abschaffen helfen würde, beginge politischen Selbstmord, weil diese Partei nach der nächsten Wahl sehr wahrscheinlich über keine Parlamentsmandate mehr verfügen würde. Ein erster Anlauf zur Änderung des Wahlrechts wurde in der ersten Großen Koalition 1966 vorbereitet. Doch die SPD nahm noch rechtzeitig Abschied von dieser Absicht, um sich die Option der später dann auch tatsächlich praktizierten sozialliberalen Koalition mit der FDP offenzuhalten.

Die Konsequenz der Einführung des relativen Mehrheitswahlrechts wie in Großbritannien, bei dem das Mandat in jedem Wahlkreis auf den Bewerber mit der höchsten Stimmenzahl entfällt, wäre die «administrative Tötung der kleinen Parteien», wie Roman Herzog es formuliert. Und dies in einer Zeit, in der diese stärker denn je in den Parlamenten vertreten sind, während die beiden Volksparteien immer weniger Wähler mobilisieren können. Eine solche durchschaubare Strategie zur Ausschaltung der missliebigen Konkurrenz würde dem Politikverdruss in unserer Gesellschaft Vorschub leisten.

Ohne Volksentscheide nimmt die Politik das Volk nicht ernst

«Alle Staatsgewalt geht vom Volke aus. Sie wird vom Volke in Wahlen und Abstimmungen (...) ausgeübt.» So unmissverständlich formuliert unsere Verfassung in Artikel 20 Absatz 2 das Grundprinzip der parlamentarischen Demokratie, in der das Staatsvolk der Souverän ist. Doch zwischen Verfassungsanspruch und der politischen Realität liegen manchmal Welten. In Deutschland hat das Volk als Souverän nach der Gründung der Bundesrepublik im Jahr 1949 nicht über das Grundgesetz abstimmen dürfen. Auch die historische Chance der Wiedervereinigung 1990 wurde in Deutschland nicht dazu genutzt, eine neue, gesamtdeutsche Verfassung auszuarbeiten und durch das Volk beschließen zu lassen.

Das deutsche Volk hat damit sogar auf die Souveränität, die eigene Verfassung durch Abstimmung zu beschließen, verzichten müssen, obwohl dieses Recht in den europäischen Demokratien zur selbstverständlichen Verfassungstradition gehört. Nur im Fall einer Länderneugliederung sieht das Grundgesetz obligatorisch die Durchführung von Volksentscheiden vor. Die Zusammenlegung der Bundesländer Berlin und Brandenburg scheiterte 1996 an einem entsprechenden Referendum.

Ich halte den Verzicht auf Volksabstimmungen auf Bundesebene für ein Armutszeugnis für unsere Demokratie. Für mich manifestiert sich in diesem Ausschluss des Volkes von der konkreten Sachentscheidung die Entfremdung der politischen Entscheidungsträger von uns Bürgern. Entscheidungen von wesentlicher Bedeutung für unser Land werden dem Souverän grundsätzlich nicht zur Abstimmung vorgelegt. Warum wurde etwa die Einführung des Euro und die Abschaffung der Deutschen Mark nicht vom Volk entschieden? Warum haben die Deutschen kein Referendum über die europäische Verfassung abgehalten? Die Antwort ist in ihrer Schlichtheit brutal: Die Politik hätte Angst vor einem Nein der Bevölkerung haben müssen. In langen Jahrzehnten hat sich im politischen Establishment in Deutschland eine Haltung etabliert, die dem Souverän systematisch misstraut und ihn als unmündig einstuft. Aus diesem Grund sind bisher auch alle parlamentarischen Versuche gescheitert, ein Bundesabstimmungsgesetz zu erlassen, in dem die Durchführung von Volksentscheiden auf Bundesebene geregelt ist. Hingegen gibt es selbstverständlich ein Bundeswahlgesetz, das exakt regelt, wie die Delegation der politischen Verantwortung des

Volkes an seine zu wählenden Repräsentanten zu organisieren ist.

Man kann die heutige Praxis der Bundesgesetzgebung in Deutschland auch parlamentarischen Absolutismus nennen. Mit dem Wahlakt delegiert der Stimmbürger seine Souveränität in Form einer Blankovollmacht an die gewählten Repräsentanten im Deutschen Bundestag. Manchmal trägt der Souverän schwer an dem Kreuz, das er alle vier Jahre machen darf. Denn die Politik, die ja per Wahl mit einer hundertprozentigen Vollzugsvollmacht ausgestattet ist, kann sich darauf verlassen, dass sie vom Bürger normalerweise erst dann wieder gestört wird, wenn der nächste Urnengang ansteht.

Und Wahlkämpfe können in unserer Mediengesellschaft bekanntlich durch eine erstklassige Inszenierung in den letzten sechs Wochen entschieden werden. Eine holzschnittartige knappe Leitthemensetzung in Verbindung mit perfekter Personalisierung verführt dann den wankelmütigen Souverän allzu oft zum emotionalen Last-Minute-Votum.

Zwischen dem wirtschaftspolitischen Analphabetismus von uns Deutschen und der immer oberflächlicheren Gestaltung von Wahlkämpfen gibt es einen klaren Zusammenhang: Je dümmer wir Wähler, desto leichter lassen wir uns auch für dumm verkaufen. Gerade die Bundestagswahl 2005 mit einer vergleichsweise ehrlichen Reformbotschaft der damaligen bürgerlichen Oppositionsparteien hat ja unter Beweis gestellt, dass die subjektive Angst der Wähler vor Veränderung größer ist als die Einsicht in die objektive Notwendigkeit einer wirtschafts- und sozialpolitischen Reformagenda.

Bundespolitiker sind auf das Votum ihrer Wählerschaft im Durchschnitt nur zweieinhalbmal pro Dekade angewiesen. Politische Partizipation wird deshalb im Land nicht sonderlich großgeschrieben. Als Wähler haben wir zu wenig das Gefühl, dass sich die Parteien um uns bemühen, dass Politik auch darin besteht, uns über komplexe Sachverhalte aufzuklären, damit wir uns eine eigene fundierte Meinung über unterschiedliche Lösungskonzepte bilden können.

Aber nur wer selbst über inhaltliche Entscheidungskompetenz verfügt, wird im Zweifelsfall auch eine verantwortliche Entscheidung treffen können. Eine Bevölkerung, die alle Sachentscheidungen an das politische Establishment delegieren muss, weil sie keine direkten Willensbekundungen abgeben darf, wird am ehesten nach einer Politik unverantwortlicher Versprechungen rufen. Fragen der Finanzierbarkeit interessieren uns Stimmbürger dann eher nachrangig, wenn überhaupt. Und weil die Politiker wissen – und gerade 2005 wieder schmerzhaft erfahren haben –, dass die Wähler gern Versprechungen hören, aber die Zeche ungern bezahlen, verspricht eine verantwortungslose Politik einer verantwortungslosen Wählerschaft das Blaue vom Himmel.

Dabei gibt es in der kommunalpolitischen Praxis genügend Beispiele für mehr Bürgerbeteiligung. In allen Bundesländern sind auf kommunaler Ebene unter

gewissen Voraussetzungen Bürgerentscheide in Sach-
fragen zulässig. Es existiert sogar die prinzipielle Möglichkeit für Volksabstimmungen zu landespolitischen
Themen – allerdings mit teilweise äußerst hohen Zu-
gangshürden. Ausgerechnet das konservative Bayern
verfügt übrigens traditionell über die großzügigsten
Volksabstimmungsregelungen, die auch überdurchschnittlich häufig genutzt wurden. In den themenbe-
zogenen Wahlkämpfen vor kommunalen oder landespolitischen Volksabstimmungen wird natürlich auch
polemisiert und emotionalisiert. Gleichwohl findet in
der Regel eine wesentlich stärker von Argumenten ge-
prägte Auseinandersetzung als vor Wahlen statt. Unterschiedliche Lösungsansätze werden breit diskutiert,
das Pro und Contra über viele Wochen erörtert. Viele
Stimmbürger können ihr Ja oder Nein zur vorgelegten
Fragestellung gut begründen.

Und das Allerwichtigste am Plebiszit: Die Folgen
einer Mehrheitsentscheidung müssen die Bürger sich
selbst zurechnen lassen. Übrigens auch die vielen
Stimmberechtigten, die sich aus Bequemlichkeit oder
Gleichgültigkeit nicht an einer Abstimmung beteiligt
haben.

Ich erwähne zwei Beispiele aus Baden-Württemberg: In Salem, einer kleinen Gemeinde im Bodenseekreis, lehnten die Stimmberechtigten im April 2008
mit hauchdünner Mehrheit den Bau eines großen Lo-
gistikzentrums der Firma MTU ab, weil sie das hohe
Lkw-Verkehrsaufkommen schreckte. Bei einer Wahlbeteiligung von fast 70 Prozent gaben 81 Stimmen den

Ausschlag gegen diese Firmenansiedlung: 2943 gegen 2862 Stimmen. MTU, einer der weltweit führenden Produzenten von Antriebssystemen, bietet im Bodenseekreis mehr als 6000 Beschäftigten hochqualifizierte Arbeitsplätze. Die daraus resultierende Prosperität nimmt die Bevölkerung gern in Kauf, die Belastungsfaktoren schiebt eine Mehrheit aber lieber von der eigenen Wohngemeinde ab. Das Salemer Ergebnis war zwar knapp, aber es hat zur Folge, dass MTU auf jeden Fall einen anderen Standort suchen muss.

Ein ähnliches Bild ergab ein Bürgerentscheid in der Kleinstadt Metzingen, wo der Bekleidungshersteller Boss residiert. Die Firma wollte an ihrem Stammsitz ein Distributionszentrum bauen. Doch der vom Gemeinderat beschlossene Bebauungsplan scheiterte Ende August 2008 an der Bevölkerungsmehrheit. Bei einer Wahlbeteiligung von 43,5 Prozent – in Baden-Württemberg waren noch Schulferien – stimmten 61,2 Prozent gegen und nur 38,8 Prozent für den gigantischen Erweiterungsbau des Unternehmens. Boss wird ihn jetzt voraussichtlich in der Nachbarstadt Nürtingen errichten lassen.

Beide Entscheidungen waren hochemotional, spalteten die Gemeinden in erbitterte Gegner und Befürworter, stifteten Unfrieden in Vereinen und Familien und führten in Metzingen sogar zum Rücktritt des Oberbürgermeisters, der ein vehementer Verfechter des Boss-Projekts war. Doch genau diese konkrete Erfahrung, die Folgen einer selbstverantworteten Sachentscheidung auch ertragen zu müssen, führt zu der in einer Demokratie so notwendigen Reflexion der Wähler über den Umgang mit den verschiedenen Interessenlagen. Gemeinwohl definiert sich eben nicht als Summe der Partikularinteressen. Verantwortliche Entscheidungen verlangen von jedem Beteiligten auch eine Güterabwägung von unterschiedlichen Bedürfnissen.

Wer den eigenen Wunsch nach einer ruhigen Wohnlage in einem wirtschaftsfreien Raum durchsetzen hilft, muss eben mittelfristig auch zu den Konsequenzen fehlender Arbeitsplätze stehen. Die Verantwortung für die gescheiterten Standortentscheidungen der beiden Unternehmen in diesen Beispielsfällen kann die Bevölkerung nicht mehr an die Lokalpolitiker delegieren, sondern sie muss selbst den Kopf hinhalten: für geringere Steuereinnahmen ihrer Gemeinden, weniger Arbeitsplätze, im Extremfall sogar steigende Steuern und Abgaben für alle Bürger, weil die kommunale Prosperität unter diesem Aderlass leidet.

Ich habe zwei Exempel angeführt, in denen sich die Bevölkerung – im Widerspruch zu den Kommunalparlamenten – gegen Großprojekte erfolgreich zur Wehr gesetzt hat. Es gibt natürlich auch Gegenbeispiele. In Leutkirch im Allgäu haben im Jahr 2008 die Bürger mit über sechzigprozentiger Mehrheit für die Ansiedlung eines Großsägewerks votiert, das auf einem früheren Bundeswehrareal entstehen sollte. Trotz dieses positiven Bürgervotums wird der Bau allerdings voraussichtlich der veränderten Marktsituation auf dem europäischen Holzmarkt zum Opfer fallen.

Die Bevölkerungsmehrheit kann zwar genauso

betriebsblind, aber auch ebenso vorausschauend entscheiden wie Parlamentsmehrheiten. Ja, das Volk kann
in Ländern, in denen die direkte Demokratie traditionell einen hohen Stellenwert genießt, sogar mit Mehrheit Steuererhöhungen beschließen, um als notwendig
erkannte Verkehrsprojekte zu finanzieren. Die Schwei-
zer etwa haben vor gut zehn Jahren mit einer knappen Zweidrittelmehrheit dem Finanzierungskonzept
für die Neue Eisenbahn-Alpentransversale (NEAT) zu-
gestimmt, das ausdrücklich Steuererhöhungen vorsah.
Wer eine Verkehrsverlagerung von der Straße auf die
Schiene will, muss zur Finanzierung von teuren neuen
Bahntunneln durch das Alpenmassiv auch die entsprechenden Finanzmittel bereitstellen. Die Eidgenossen taten das mit überraschend deutlicher Mehrheit, ein Be-
leg für die Einsichtsfähigkeit des Souveräns – wenn er
denn über die Entscheidungsverantwortung verfügt.

Einmal gab es im Deutschen Bundestag sogar
eine einfache Mehrheit für Volksentscheide auf Bundesebene. Am 7. Juni 2002 stimmte das Parlament in
namentlicher Abstimmung für einen entsprechenden
Gesetzentwurf der Fraktionen von SPD und Bündnis
90/Die Grünen. Dafür votierten alle anwesenden Abgeordneten der SPD, der Grünen, der PDS und Teile
der FDP sowie ein CDU-Kollege. Dagegen stimmten
199 Abgeordnete – fast die komplette CDU-Fraktion,
aber auch die Mehrheit der FDP-Fraktion. Für die nö-
tige verfassungsändernde Zweidrittelmehrheit reichte
es jedoch leider nicht.

Ohne Vertrauen gibt es keine Veränderung

Der Opportunismus, der unsere Gesellschaft dominiert, ist das Leitthema dieses Buches: Politiker handeln eigennützig, indem sie gegenüber uns Bürgern allzu gefällig und spendierfreudig auftreten – weil sie glauben, nur auf diese Weise politische Mehrheiten erzielen zu können. Wir Bürger verhalten uns eigennützig, wenn wir lieber neue Leistungsversprechungen wählen, statt uns um die lästigen Finanzierungsfragen zu kümmern.

Andererseits erscheint uns eine Gesellschaft, die vom puren Eigennutz angetrieben wird, als unerträglich. Wir wünschen uns, dass es fair und gerecht zugeht. Wir erwarten Wertschätzung und Respekt von unseren Mitmenschen, aber auch vom Staat.

Dieses Spannungsverhältnis zwischen Eigennutz und Gemeinwohl muss immer wieder neu austariert werden. Denn es wird weitere Einschnitte in vertraute Besitzstände unserer Gesellschaft geben müssen, damit wir sicherstellen, dass auch künftig der Wohlstand in unserer sozialen Marktwirtschaft erhalten und gemehrt werden kann.

Doch sinnvolle, aber unpopuläre Reformen müssen von den Bürgern verstanden und akzeptiert werden. Wie aber setzt man in einer Demokratie Veränderungen durch, die viele Menschen als Zumutungen empfinden? Welche Qualitäten müssen Politiker aufweisen, um Herz *und* Verstand von uns Wählern anzusprechen?

Damit wir Bürger uns überhaupt auf die Stärken unserer Gesellschaft besinnen und notwendige Veränderungen gemeinsam gestalten können, müssen zunächst zwei Grundbedingungen erfüllt sein.

Bildung für alle Menschen zu gewährleisten, unabhängig von ihrer sozialen Herkunft, ist das Reservoir schlechthin, aus dem sich individuelle und volkswirtschaftliche Leistungsfähigkeit speisen. Nur gebildete, informierte und aufgeklärte Menschen können sich aus eigener Kraft und selbstbestimmt in einer immer komplexer gewordenen Welt behaupten. Bildung ist gewissermaßen das Rüstzeug des Homo oeconomicus, die Voraussetzung überhaupt für wirtschaftliche Wertschöpfung. Bildung hat aber weit über die fachliche Befähigung hinaus auch Wertmaßstäbe zu vermitteln, die eine faire Gesellschaft auszeichnen: Verantwortung, Rücksichtnahme, Solidarität.

Die zweite Voraussetzung für Veränderungen liegt in der Stärkung der Entscheidungskompetenzen des Volkes. Wenn wir möglichst viele Menschen dafür be-

201

geistern wollen, sich für die öffentlichen Angelegenheiten zu interessieren, dann reicht es nicht, sie nur alle vier oder fünf Jahre zur Wahl zu rufen, sie müssen auch auf Bundesebene per Votum mitbestimmen dürfen – nur so werden sie sich über die Hintergründe von umstrittenen Themen informieren und fundierte Entscheidungen treffen können. Aber diese Bedingungen reichen noch nicht aus.

Es fehlt etwas Wichtiges: das Vertrauen der Bürger in die persönliche Integrität ihrer politischen Repräsentanten. Verhaltensforschung wie Alltagserfahrung zeigen, dass nur wenige Menschen unbedingt kooperativ, die meisten aber immerhin bedingt kooperativ sind. Die übergroße Mehrheit handelt dann für das Gemeinwohl, wenn andere dies auch tun. Sie wollen jedoch nicht die Dummen sein, wenn die anderen nur ihren Vorteil suchen.

Deshalb ist es verheerend, wenn sich die gesellschaftlichen Eliten aus der Verantwortung für das Gemeinwohl verabschieden. Warum soll ich mich als Portier für meine Firma aufopfern, wenn der Chef offensichtlich nur an den persönlichen Reibach denkt? Warum soll ich alle meine Einkünfte gegenüber dem Finanzamt erklären, wenn ich laufend von legalen Steuerschlupflöchern für gutbetuchte Schlaumeier lese oder gar von systematischer Steuerhinterziehung durch bislang hochangesehene Persönlichkeiten?

Ohne Vertrauen funktioniert keine Gesellschaft und keine Volkswirtschaft. Ich muss darauf vertrauen können, dass andere aufrichtig sind, Gesetze und Verträge respektieren, sich im Großen und Ganzen fair verhalten. Niemals können Gesetze und Verträge so formuliert sein, dass sie jeglichen denkbaren Missbrauch wirksam sanktionieren oder gar ausschließen könnten. Wer auf den Gütermärkten Erfolg haben will, muss Vertrauen in sein Produkt oder seine Dienstleistung schaffen und dieses Vertrauen zugleich immer wieder rechtfertigen. Vertrauen muss erarbeitet werden, braucht Zeit und Überzeugungskraft. Es ist mühsam erworben und schnell verspielt.

Dieser Grundsatz gilt auch für die Politik. Unsere Welt ist so miteinander verwoben, dass es keine einfachen Antworten mehr gibt. Weder kann ein Nationalstaat sich von den Entwicklungen in anderen Teilen der Welt abkoppeln, noch gibt es Problemlösungen, die alle zufriedenstellen.

Doch nicht nur Politiker, sondern auch sogenannte Experten stoßen zuweilen an die Grenzen ihrer Fähigkeiten in diesem komplexen System. Wer wollte schon behaupten, er sei angesichts der ungeheuren Veränderungsdynamik auf wichtige Entscheidungen hinreichend vorbereitet? Wir müssen jedoch aufpassen, dass wir uns nicht in der Komplexitätsfalle verfangen und in eine Ohnmachtsstarre verfallen, die uns handlungs- und entscheidungsunfähig macht.

Selbst als begnadeter Kommunikator wird ein Politiker selten die Masse der Wähler mit sachlichen Argumenten überzeugen. Wir Bürger glauben im Zweifel jenem Politiker, zu dem wir am meisten Vertrauen haben. Statt auf komplexe Lösungskonzepte, die viele von uns nicht mehr durchschauen können, setzen wir auf Lösungskompetenz. Damit wird Vertrauen zum alles entscheidenden Maßstab, um in der Demokratie überhaupt noch Mehrheiten für Veränderungen gewinnen zu können. Im politischen Meinungsstreit wird die jeweilige Opposition deshalb immer versuchen, die Glaubwürdigkeit der Regierung zu unterhöhlen und damit Vertrauen zu zerstören.

Doch wie gewinnen Politiker das Vertrauen der Wähler? Welche Eigenschaften sind nötig, um die Bürger für Veränderungen zu motivieren und ihnen das Zutrauen in die eigenen Fähigkeiten zu vermitteln? *Yes, we can*, intonierten Millionen von Amerikanern im Präsidentschaftswahlkampf von Barack Obama. Die Ernüchterung des Alltags wird den neuen US-Präsidenten zwar schnell einholen, weil die USA vor gewaltigen ökonomischen und sozialen Problemen stehen. Dennoch verkörpert dieser erfrischend authentische Mann das, was Führungspersönlichkeiten in einer Demokratie brauchen, um die Menschen in schwierigen Umbruchzeiten zu motivieren. Er trifft den richtigen Ton, strahlt Ernsthaftigkeit und Überlegtheit aus, wirkt unaufgeregt. Und er schafft vor allem Vertrauen.

Etwas mehr von dieser Ausstrahlung würde man sich in dieser ökonomischen Krisenzeit auch von Kanzlerin Angela Merkel wünschen. Es ist zweifellos richtig, wenn sie zusätzliche Verschuldung für Konjunkturprogramme scheut, wenn sie zur Mäßigung mahnt und vor Aktionismus warnt. Doch wie schrieb Bernd

Ulrich nach dem CDU-Bundesparteitag im Dezember 2008 so treffend in der «Zeit»: «In dieser Wirtschafts- und Psychokrise ist das ökonomisch Richtige, das man nicht richtig erklären kann, das Falsche.»[15]

Die Frage, was einen guten Politiker auszeichnet, hat der deutsche Jurist und Nationalökonom Max Weber (1864–1920) schon vor neunzig Jahren in seinem epochalen Vortrag an der Universität München zu beantworten versucht – mitten im Revolutionswinter 1918/19. Sein Essay mit dem Titel *Politik als Beruf* steht, wie der Publizist Robert Leicht es formulierte, «wie ein Eingangstext am Beginn der modernen Demokratie in Deutschland».

Für mich als Berufspolitiker war dies über Jahre hinweg ein beeindruckender, prägender Denkanstoß. Weber benennt in seinem Aufsatz jene Charaktereigenschaften, die auch als Maßstab für heutige Spitzenpolitiker dienen sollten: «Man kann sagen, dass drei Qualitäten vornehmlich entscheidend sind für den Politiker: Leidenschaft – Verantwortungsgefühl – Augenmaß.»

Leidenschaft bedeutet für Weber keine «sterile Aufgeregtheit», auch keine «Romantik des intellektuell Interessanten», der alles sachliche Verantwortungsgefühl fehlt. Leidenschaft zur Sache setzt Kompetenz voraus, es bedeutet die Fähigkeit und den Willen, sich mit den komplexen Wirkungsmechanismen unserer Wirtschaft und Gesellschaft auseinanderzusetzen. Unser Land braucht Politiker, die den Problemen auf den Grund gehen und Standpunkte entwickeln, ohne bornierte Rechthaberei.

Stattdessen dominieren Standpunktlosigkeit und Beliebigkeit den Politikbetrieb. Weil Politiker sich alle Möglichkeiten offenhalten wollen, fehlt vielen von ihnen jegliche Leidenschaft für die Sache. Denn sie würde ja voraussetzen, dass man sich zuvor einen Standpunkt auch wirklich zu eigen gemacht hat.

Leidenschaft nicht als gepflegte Gesinnung, sondern als eine aus der Sache begründete Haltung, ist deshalb eine wichtige Voraussetzung für Glaubwürdigkeit. Ein Politiker, der sich mit einem Thema leidenschaftlich auseinandersetzt und eine wenn auch vorläufige Position dazu einnimmt, wird immer glaubwürdiger argumentieren als derjenige, der das eigene Parteiprogramm nachplappert oder blind auf die Konkurrenz eindrischt.

Es herrscht bei uns Bürgern eine Sehnsucht nach Authentizität. Wir wünschen uns Politiker, die sagen, was sie denken, und tun, was sie sagen. Im guten Politiker muss ein inneres Feuer brennen, das aus Lebenserfahrung, sachlicher Kompetenz und Herzensbildung gespeist wird. Trotz der Gefahr, die in der Konkretisierung liegt, will ich einige Namen von Politikern nennen, mit denen ich inhaltlich nicht immer oder sogar nur selten übereinstimme, die dennoch eine Haltung einnehmen, die sie mit Leidenschaft vertreten: Gregor Gysi, Peter Gauweiler, Friedrich Merz, Franz Müntefering, Horst Seehofer, Hans-Christian Ströbele.

Ausstrahlung ist immer eine Frage der persönlichen Glaubwürdigkeit, nicht der politischen Gesinnung. Deshalb reflektieren die genannten Politiker auch einen Riss, der quer durch die Parteien geht. Sie kämpfen noch mit Leidenschaft, während andere sich vorrangig um Karriere und Einfluss kümmern. Gute Politik wird genauso wenig nur mit dem Kopf gemacht, wie sie auch beim Bürger, wenn sie wirklich überzeugen will, nicht nur den Kopf erreicht.

Die Ausstrahlung des guten Politikers, sein Charisma, das Vertrauen begründet, sind unabdingbare Voraussetzungen, um die Wähler wieder für Politik zu begeistern. Leidenschaftliche Politiker müssen Menschen mögen. Wer als Politiker kein Herz für die Mitmenschen hat, wer Bürgerkontakte als lästige Zumutung empfindet, in Wahlkämpfen regelmäßig daran leidet, sich persönlich einem undankbaren Publikum aussetzen zu müssen, der taugt schlicht nicht für diesen Beruf.

Denn zur Leidenschaft gehört auch das Einfühlungsvermögen. Die meisten Berufspolitiker können viel reden, ohne etwas zu sagen. Das Zuhören und das Verstehen sind ihnen fremd. Der leidenschaftliche Politiker aber nimmt die Menschen nicht dadurch mit, dass er ihnen möglichst viel verspricht, sondern dass er sie ernst nimmt.

Doch allein mit Leidenschaft kommt der gute Politiker nicht weit. Seine Aufgabe verlangt von ihm ein Verantwortungsgefühl gegenüber dem Gemeinwohl. Er darf den eigenen Standpunkt, die Position der eigenen Partei niemals überhöhen. Wem gegenüber ist er eigentlich verantwortlich? Seiner Partei, seinen Wählern, seinem Wahlkreis, seinen Überzeugungen? Welche Rolle spielt das eigene Gewissen?

Ich habe großen Respekt vor der öffentlich dokumentierten Verweigerungshaltung der vier hessischen SPD-Politiker, die mit ihrem Nein den Wahlbetrug von Andrea Ypsilanti vereitelten und jetzt die Konsequenzen tragen. Hier bekam die Frage, ob jemand *für* die Politik oder *von* der Politik lebt, plötzlich eine existenzielle berufliche Bedeutung. Der gute Politiker wird sich trotz des politischen Meinungsstreits immer im Klaren darüber sein, dass die Dämonisierung der Konkurrenz – zumal in Wahlkampfzeiten – verantwortungslos ist, nicht nur, weil «verfeindete» Parteien nach Wahlen gelegentlich wieder gemeinsam regieren müssen. Gute Politiker sind Manager des Gemeinwohls, nicht Sprachrohre ihrer Gesinnung oder gar ihrer Partei.

Als ich auf dem Wahlparteitag der Grünen in Berlin 2005 mahnte, die von der Union vorgeschlagene Mehrwertsteuererhöhung nicht in Bausch und Bogen zu verdammen, weil sie der Logik der von den Grünen umgesetzten Mineralölsteuererhöhung folge, mit der ebenfalls die Sozialbeiträge abgesenkt wurden, hielt mir Fritz Kuhn entgegen: «Wir können doch nicht unterstützen, was von der CDU kommt!»

Der gute Politiker muss aber auch die Fähigkeit besitzen, sich selbst und seine Rolle in Frage zu stellen. Hauptfeind bei der notwendigen Selbstreflexion des guten Politikers sei die Eitelkeit, warnt Max Weber. Politiker stehen im Rampenlicht, in der heutigen Mediengesellschaft so sehr wie nie zuvor. Sie kokettieren nur zu gern mit der öffentlichen Aufmerksamkeit, nach der sie permanent gieren. Ich will mich selbst nicht davon freisprechen, weil auch ich auf dieser Klaviatur zu spielen gelernt habe.

Politiker zelebrieren und inszenieren sich, wechseln mit professioneller Unterstützung immer mal wieder ihr Image. Sie spielen Rollen und verlieren dabei zunehmend ihren inneren Kompass. Sie benötigen Augenmaß, um zu erkennen, dass die öffentliche Aufmerksamkeit der formalen Macht, aber nicht der Person gilt. Oft zeigt sich erst beim Verlust der Macht, welches Zerstörungspotenzial diese narzisstische Kränkung entfalten kann.

Wenn Glaubwürdigkeit das wichtigste Kapital in der Politik ist, weil sich nur daraus das Vertrauen der Wähler speisen kann, ohne das in einer Demokratie keine Veränderung möglich ist, dann werden politische Charakterköpfe gebraucht, die genau über solche Eigenschaften verfügen.

Wir als Wähler wollen mitgenommen werden, aber nicht als Verführte, sondern als verantwortungsbewusste Citoyens, die auch ihrer eigenen Verantwortung als mündige Staatsbürger gerecht werden. Denn in der Demokratie ist Politik nicht nur die Sache politischer Führungspersönlichkeiten, sondern Angelegenheit der ganzen Gesellschaft. Mir kommt in diesem Zusammenhang jener bemerkenswerte Appell John F. Kennedys aus dem Jahr 1960 in den Sinn, der auch nach fast fünfzig Jahren erstaunlich unverbraucht wirkt: «Frage nicht, was dein Land für dich tun kann, sondern was du für dein Land tun kannst.»

Ob wir uns in unserer Gesellschaft wohl fühlen, hängt ganz entscheidend von uns selbst ab. Denn für das Gemeinwohl sind nicht exklusiv der anonyme Staat zuständig oder gar die Politik, sondern wir Bürger, die sich füreinander einsetzen: in der Nachbarschaft, in Vereinen und Organisationen, am Arbeitsplatz, in der Familie.

Persönliches Nachwort

Warum verfasst ein Politiker eine Streitschrift gegen den Opportunismus, plädiert für Glaubwürdigkeit und Wahrhaftigkeit, wenn er doch selbst im Laufe von mehr als drei Jahrzehnten drei verschiedenen Parteien angehört hat? Ist nicht gerade der Wechsel zwischen den politischen Lagern Ausdruck einer opportunistischen Haltung?

Es ist richtig, ich habe Parteien gewechselt – nicht aber meine Überzeugungen. Mit neunzehn engagierte ich mich als Sozialdemokrat, weil mich Willy Brandts Charisma und sein programmatisches Motto *Mehr Demokratie wagen* ansprachen. 1979, nach sechs Jahren, trat ich aus der Partei aus, weil ich die unter Kanzler Schmidt vollzogene Einschränkung der bürgerlichen Freiheitsrechte als Reaktion auf den RAF-Terror ablehnte. Ich hatte zunehmend darunter gelitten, Positionen meiner Partei selbst dann nach außen vertreten zu müssen, wenn ich sie persönlich nicht teilte. Diesem

Zwiespalt setzte ich ein Ende – mit der festen Absicht, mich einem solchen Zwang nie mehr zu unterwerfen.

Politisch engagiert blieb ich trotzdem und wurde in jenen Jahren als Parteiloser in den Gemeinderat meiner Heimatstadt Bad Schussenried und in den Biberacher Kreistag gewählt. Es war der Atomunfall von Tschernobyl im April 1986, der mich dann bewog, mich als Bundestagskandidat der Grünen zu bewerben. Ich war zwar nicht Mitglied, sympathisierte aber mit der neuen Öko-Partei. So wurde ich nominiert – nicht nur im Wahlkreis, sondern sogar auf der baden-württembergischen Landesliste. Erst nach dem knappen Scheitern der Kandidatur wurde ich im Februar 1987 Mitglied der Grünen und blieb es fast einundzwanzig Jahre lang – davon rund zehn Jahre als Berufspolitiker im Deutschen Bundestag und im Stuttgarter Landtag.

Die Überzeugung, einen eigenen Standpunkt selbst dann öffentlich zu vertreten, wenn ich damit im eigenen Lager anecke, hat meine Jahre bei den Grünen zunehmend geprägt. Dort kämpfte ich für eine solide Finanzpolitik, gegen die ausufernde Staatsverschuldung und die Fehlfinanzierung unserer Sozialsysteme, mit der wir systematischen Raubbau an den Chancen der jungen Generation betreiben. Vor allem in meiner ersten Bonner Legislaturperiode gelang es mir gemeinsam mit anderen Mitstreitern, *nachhaltige Finanzpolitik* zu einem grünen Markenzeichen zu machen. Als Rot-Grün 1998 die Bundestagswahl gewann und Hans Eichel mit seiner Konsolidierungspolitik zum Aushängeschild der neuen Regierung wurde, war ich als Haushaltssprecher meiner Fraktion eine der Stützen für diese Politik.

Doch bereits zur Mitte der Legislaturperiode änderte Gerhard Schröder den Kurs, weil ein Festhalten auch unpopuläre Reformschnitte in der Renten- und Krankenversicherung erforderlich gemacht hätte. Als der Kanzler im Herbst 2000 dann großzügig Steuermittel für die Krankenversicherung aus dem Bundeshaushalt offerierte, statt eine Strukturreform auf der Ausgabenseite in Angriff zu nehmen, hatte die nachhaltige Finanzpolitik die entscheidende Schlacht verloren. Von nun an war es immer schwieriger, für meine finanz- und sozialpolitischen Vorstellungen in den Koalitionsfraktionen eine Mehrheit zu gewinnen.

Als Schröder die Europäische Kommission attackierte, die im Frühjahr 2002 ein Defizitverfahren gegen die Bundesrepublik einleiten wollte, weil Deutschland die Kriterien des Stabilitätspaktes zu verfehlen drohte, platzte mir der Kragen. In einem Fernsehinterview warf ich dem Kanzler einen «Amoklauf gegen die Kommission» vor, die doch nur die Regeln eines Stabilitätspaktes anwenden wolle, den gerade wir Deutschen den europäischen Partnerländern vor Beginn der Euro-Einführung aufgezwungen hatten. Mit solchen Äußerungen lieferte ich meinen Kritikern innerhalb der Grünen die Munition, um mich als illoyal und unzuverlässig hinzustellen. Dabei vertrat ich in der Finanzpolitik nur pointiert die damalige Mehrheitshaltung der Partei.

Dass ich als Abgeordneter mit solchen Positionen

dennoch Anstoß erregte, war hochgradig karrierege-
fährdend. Denn kaum zwei Monate später scheiterte
ich prompt bei meinem Bemühen, einen aussichtsrei-
chen Platz auf der baden-württembergischen Landesliste zu erreichen, und verzichtete dann vollends auf
die Bundestagskandidatur 2002.

Das Thema Defizitkriterium machte weiterhin
Schlagzeilen – und führte zum sogenannten Wahllü-
gen-Untersuchungsausschuss des Deutschen Bundestags. Im November 2002 warf ich der rot-grünen Bundesregierung vor, sie habe vor der Bundestagswahl
«ein desaströses Finanzloch im Bundeshaushalt» bewusst verschwiegen. Ansonsten hätte der Nimbus des
Spar-Finanzministers Hans Eichel im Wahlkampf Schaden genommen, und ein Defizitverfahren aus Brüssel
wäre auf dem Fuß gefolgt. Daraufhin benannte mich
die Unionsfraktion als Kronzeugen für einen parlamentarischen Untersuchungsausschuss. Nichts ist für einen
Politiker gefährlicher, als von der Konkurrenz instrumentalisiert zu werden. Wie oft musste ich mir damals
aus grünen Kreisen vorhalten lassen, ich setzte mich
auf Kosten der eigenen Partei in Szene. Dass ich immer
für inhaltliche Positionen gekämpft habe, wurde dabei
übersehen.

Auch nach meinem Ausscheiden aus dem Bundestag trat ich innerhalb der Grünen für meine Überzeugungen ein. Zunehmend verspürte ich allerdings, dass
die Kluft zwischen der Programmatik meiner Partei
und meinen wirtschafts- und sozialpolitischen Überzeugungen immer größer wurde. Immer häufiger hieß es:

«Sind Sie eigentlich noch in der richtigen Partei?» Trotzdem kandidierte ich 2005 noch einmal für den Bundestag. Im eigenen Wahlkreis forderten mich die ersten grünen Lokalpolitiker wegen meiner «neoliberalen» Ansichten zum Austritt auf. Im Wahlkreis setzte ich mich gegen einen Mitbewerber knapp durch, auf der Landesliste hatte ich schon keine Chance mehr. Durch einen aufreibenden «Haustür-Wahlkampf» im Wahlkreis gelang mir immerhin ein Erststimmenergebnis von 14 Prozent. Nur so konnte ich mir erklären, dass mich der eigene grüne Kreisverband kurz nach der Bundestagswahl einstimmig zur Kandidatur für den Baden-Württembergischen Landtag aufforderte. Ich bekenne hier gern, dass ein Landtagsmandat nie zu meinen persönlichen Zielen gehört hatte. Doch nicht zuletzt Winfried Kretschmann, der wertkonservative Fraktionsvorsitzende der Landtagsgrünen, hatte mich zur Kandidatur motiviert, vielleicht auch, weil eine von ihm bei der Landtagswahl 2006 angedachte schwarz-grüne Koalition dringend Abgeordnete brauchte, die auch bei der CDU als satisfaktionsfähig galten.

Aus Schwarz-Grün wurde bekanntlich nichts, aber ich wurde mit fast 17 Prozent der Wählerstimmen in den Landtag gewählt. Die Grünen sind damit im Wahlkreis Biberach noch vor der SPD zweitstärkste Kraft geworden.

Im Landtag stritt ich für einen ausgeglichenen Landeshaushalt und für Einschnitte in die Privilegien des Berufsbeamtentums – durchaus mit Unterstützung durch die eigene Fraktion. Umso mehr beobachtete ich den Kurswechsel innerhalb der Partei mit einer Mischung aus Befremden und Entsetzen. Als der gemeinhin als wertkonservativ geltende grüne Landesverband dann im Oktober 2007 mit deutlicher Mehrheit für ein bedingungsloses Grundeinkommen stimmte, war mein Abschied von den Grünen innerlich schon vollzogen. Es war offensichtlich: Meine Partei verabschiedete sich aus der bürgerlichen Mitte dieser Gesellschaft – und es war kein Trost, dass sich nahezu alle Parteien derzeit programmatisch nach links orientieren. So war der Austritt aus der Partei Ende November 2007 nur folgerichtig.

Diese Entscheidung tat weh, obwohl ich sie mir gut überlegt hatte. Eine andere hatte ich für mich bereits Wochen zuvor getroffen: Wenn ich meine Partei verlasse, nehme ich das Mandat nicht mit. Ich war schließlich als grüner Politiker gewählt worden. Ich wollte außerdem die Mehrheiten im Stuttgarter Landtag nicht ändern. Hätte ich das Mandat zur CDU mitgenommen, hätte sie im Landtag plötzlich über die absolute Mehrheit der Mandate verfügt.

Der Mandatsverzicht hat übrigens praktische Folgen. Weil ich bis Mai 2011 gewählt war, bedeutet die Mandatsniederlegung im Februar 2008 den Verzicht auf etwa 230 000 Euro an steuerpflichtigen Diäten. Außerdem verzichtete ich damit auch auf den Anspruch, drei weitere Jahre früher pensionsberechtigt zu sein. Dieser Verzicht ist der Preis für meine persönliche Glaubwürdigkeit. Nicht wenige ehemalige Kollegen haben mich übrigens gefragt, warum ich denn so «dumm» gewesen sei, dieses sichere Einkommen freiwillig aufzugeben. Ich stehe auch heute hinter dieser Entscheidung, obwohl ich inzwischen bei der Nominierung als Bundestagskandidat der CDU gescheitert bin.

Ein Parteiwechsel macht einsam. Nicht nur die einstigen Weggefährten haben Schwierigkeiten mit dem Abtrünnigen, auch die neuen «Freunde» fremdeln gegenüber dem Quereinsteiger. Nur wer sich vorher über die Konsequenzen klar ist, wird mit ihnen leben können. Das habe ich getan und mir deshalb auch reiflich überlegt, in welche Partei ich eintrete. Ich habe nie über Mandate verhandelt, obwohl mir das unterstellt wurde. Als Bewerber für das Direktmandat suchte ich die Entscheidung der Basis, nicht die Protektion durch mächtige Fürsprecher in der Parteispitze.

Als überzeugter Marktwirtschaftler bin ich bereits zu grünen Zeiten vor mehr als zehn Jahren als Mitglied in die Ludwig-Erhard-Stiftung berufen worden. Ich stehe aber auch für einen Wertekanon, der sich im christlichen Mahnruf manifestiert: Wir müssen die Schöpfung bewahren! Verantwortliche Politik darf sich nicht mit dem Ziel begnügen, dafür zu sorgen, dass die Bürger «Mehr Netto vom Brutto» erhalten. Verantwortliche Politik muss über ein Wertefundament verfügen. Denn die Verantwortung ist der Preis der Freiheit.

Anmerkungen

1 Deutsche Bundesbank (2006): *Monatsbericht September*, S. 77.

2 «Der Tagesspiegel»: *Gysi warnt vor Kältetoten in Deutschland*. Online-Ausgabe vom 26.7.2008: http://www.tagesspiegel.de / politik / deutschland / Gregor-Gysi-Energiepreise;art122,2579966, Stand: 11.12.2008.

3 Hurrelmann, K., Andresen, S., & Arbeitsgemeinschaft Infratest (2007): *Kinder 2007. 1. World Vision Kinderstudie*. Frankfurt: S. Fischer. Kinder- und Jugendgesundheitssurvey ‹KIGGS› 2003 – 2006. Berlin: Robert-Koch-Institut, Juli 2008. www.kiggs.de, Stand: 11.12.2008.

4 So z. B. eine Umfrage von TNS Emnid im Auftrag der Hamburg-Mannheimer, nach der 72 Prozent der Befragten ein Alter von 60 Jahren oder niedriger als konkret angestrebten Zeitpunkt für den vorzeitigen Eintritt in den Ruhestand

angeben.Hamburg-Mannheimer: *Regierung hat beschlossen: Länger arbeiten oder weniger Rente!* http://www. hamburg-mannheimer-stiftung.de/HMOnline/Deutsch/ Produkte-neu / Privatkunden / Altersvorsorge / Private Altersvorsorge / _popup_grv / Grundlagen_Gesetzl_ Rentenversicherung/RenteMit67.htm, Stand: 11.12.2008. Ebenso das AXA-Ruhestand-Barometer, dem zufolge Erwerbstätige in Deutschland als ideales Ruhestandsalter 59 Jahre angeben. AXA-Ruhestand-Barometer 2007 – 2008: http://www.axa.de/servlet/PB/show/1121705/AXA% 20Ruhestand-Barometer%202007-2, Stand: 11.12.2008.

5   Human Life-Table Database: *Bewegung der Bevölkerung im Jahre 1910.* Statistik des Deutschen Reichs, Vol. 246, Berlin 1913, S. 16–17. http://www.lifetable.de/data/ MPIDR/Germany1891-1900.pdf, Stand: 11.12.2008.

6   Eigene Berechnungen nach VdAK-Basisdaten: *PKV und GKV – Leistungsausgaben.* http://www.vdak.de/presse/ daten/basisdaten-2007/basis_2007_kap_f/seite_77_2007. pdf, Stand: 11.12.2008; und Bundesministerium für Gesundheit: *Gesetzliche Krankenversicherung – Kennzahlen und Faustformeln.* Tabelle KF07Bund. http://www.bmg. bund.de / cln_117 / nn_1168258 / SharedDocs / Downloads/DE/Statistiken/Gesetzliche-Krankenversicherung/ Kennzahlen-und-Faustformeln / Kennzahlen-und-Faustformeln,templateId = raw,property = publicationFile.pdf / Kennzahlen-und-Faustformeln.pdf, Stand 11.12.2008.

7   Forsa-Umfrage vom 19. und 20.12.2007: *Eine Mehrheit der Deutschen will den Mindestlohn.* «Stern» 2 / 2008, 3.1.2008.

8   Studie des ifo Instituts für Wirtschaftsforschung und TNS Emnid im Auftrag der Initiative Neue Soziale Marktwirtschaft (INSM) (12.8.2008): *Wer zahlt, wenn der Mindestlohn kommt?* München: CESifo Group. http://www. cesifo-group.de / portal / page / portal / ifoHome / e-pr / e1pz / _generic_press_item_detail?p_itemid = 7671867, Stand: 11.12.2008.

9   Müller, K.-U., & Steiner, V. (2008): *Mindestlöhne kosten Arbeitsplätze: Jobverluste vor allem bei Geringverdienern.* DIW Wochenbericht 30/2008, S. 418–423. Berlin: DIW. Ragnitz, J., & Thum, M. (2008): *Beschäftigungswirkungen von Mindestlöhnen – eine Erläuterung zu den Berechnungen des ifo Instituts.* ifo Schnelldienst, 1/2008, S. 1f. München: CESifo Group.

10 «Süddeutsche Zeitung»: *Wenn der Job nicht zum Leben reicht.* Online-Ausgabe vom 4.12.2008: http:// www.sueddeutsche.de/politik/538/450260/text/ Stand: 11.12.2008.

11 Fernsehmagazin «Kontraste» – Sendung vom 10.4.08: *Falsche Zahlen bei der Mindestlohn-Debatte.* http:// www.rbb-online.de / _ / kontraste / beitrag_jsp / key = rbb_beitrag_7301182.html, Stand: 11.12.2008. Brenke, K., & Ziemendorff, J. (2008): *Hilfebedürftig trotz Ar-*

beit? Kein Massenphänomen in Deutschland. Wochenbericht des DIW Berlin 4/2008, S. 33–40. Berlin: DIW. http://www.diw.de / documents / publikationen /73 / 78377/08-4-1.pdf, Stand: 11.12.2008.

12 Luchtmeier, H., & Ziemendorff, J. (2007): *Aufstocker – Kein Indiz für ein Niedriglohnproblem.* Wirtschaftsdienst 12/2007, S. 794ff.

13 Besendorfer, D., Phuong Dang, E., & Raffelhüschen, B. (2005): *Die Pensionslasten der Bundesländer im Vergleich: Status Quo und zukünftige Entwicklung.* Diskussionsbeiträge des Instituts für Finanzwissenschaft der Albert-Ludwigs-Universität Freiburg im Breisgau. S. 27. http://www.freidok.uni-freiburg.de / volltexte / 1844 / pdf/129_05.pdf, Stand: 11.12.2008.

14 Färber, G., Funke, M., & Walther, S. (2008): *Nachhaltige Finanzierung der Beamtenversorgung.* Speyer: Deutsches Forschungsinstitut für öffentliche Verwaltung: http://www.foev-speyer.de/projekte/projdbdetail. asp?ID = 150, Stand: 11.12.2008.

15 *Mutwillig – Merkel und das Konjunkturprogramm,* «Die Zeit»: Nr. 50, 4.12.2008. http://www.zeit.de/2008/50/01-Merkel?page = 1, Stand: 11.12.2008.

Dank

Meine Frau Ulrike hielt mir während der monatelangen Arbeit an diesem Buch nicht nur den Rücken frei – gemeinsam mit den Töchtern Hannah und Rahel baute sie mich immer wieder auf, wenn ich zuweilen den Mut zu verlieren drohte. Jens Dehning, mein Lektor bei Rowohlt·Berlin, forderte mich stets kritisch heraus – und spornte mich an, das Projekt zu einem guten Ende zu bringen.

Ich danke für viele Hinweise und Anregungen ganz besonders meinem früheren Landtagsmitarbeiter Stefan Benzing, ebenso meiner Büroleiterin Nicole Kleimann. Dank gebührt aber auch meinem früheren Mitarbeiter zu Bundestagszeiten: Sebastian Hofmann unterstützte mich auch bei diesem Projekt mit seinem großen Sachverstand.

O. M.
Bad Schussenried, im Januar 2009